AMRA

Kurt Tepperwein
mit Nazila Jafari

INVESTIEREN *und* LEBEN *in schwierigen Zeiten*

Sofortmaßnahmen für Bewusstwerdung und Erfolg

AMRA

Brandheiße Infos finden Sie regelmäßig auf:
www.facebook.com/AMRAVerlag

Besuchen Sie uns im Internet:
www.AmraVerlag.de

Ein Ratgeber im AMRA Verlag
Hotline: + 49 (0) 61 81 – 18 93 92
Email: Info@AmraVerlag.de

Herausgeber & Lektor	Michael Nagula
Einbandgestaltung	FranklDesign
Layout & Satz	Birgit Letsch
Druck	Clausen & Bosse

ISBN Printausgabe 978-3-95447-210-9
ISBN eBook 978-3-95447-211-6

Alles ist Energie und auch Geld schwingt,
wie alles, was existiert, und ich will Ihnen hier aufzeigen,
wie das zusammengeht. Materie und Geist
sind buchstäblich zwei Seiten ein und derselben Münze.
Sie gehorchen denselben Gesetzen,
die wir mit unserer inneren Ausrichtung
auf die Welt anwenden.

Kurt Tepperwein

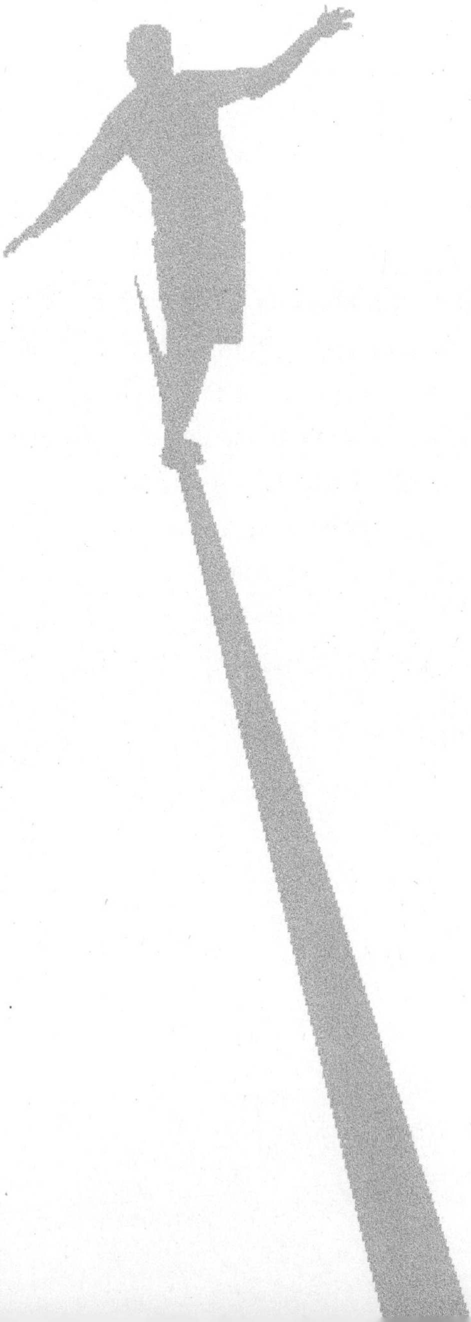

INHALT

INVESTITIONEN, DIE IHR LEBEN HARMONISIEREN, VERWANDELN UND GRUNDLEGEND IN EIN-KLANG BRINGEN

EINFÜHRUNG IN DAS GRUNDWISSEN

Vorwort

Eine gute »Investition« fürs Leben kann vieles sein. Auch wenn dieses Wort meist mit Geld in Verbindung gebracht wird, ist seine Bedeutung doch wesentlich umfassender. Als ich jung war, war ich überzeugt davon, dass ich eines Tages einem Menschen begegne oder eine Situation erfahre, der oder die mich in die Geheimnisse des Lebens einweihen und auf all das vorbereiten würde, was notwendig war. Ich hatte seit jeher darauf vertraut, dass mein Leben von unsichtbarer Hand gelenkt wird und dass sich eines Tages alle Antworten auf meine Fragen ganz von allein beantworten würden.

Mein Vertrauen blieb, doch eines Tages erkannte ich, dass es nichts und niemanden im Außen braucht, um die Dinge zu entdecken, die längst in einem liegen. Plötzlich wurde mir bewusst, dass ich schon immer alles in mir trug und nur meinem Herzen und meiner Intuition zu folgen brauchte, damit ich endlich bei mir ankommen konnte. **Zufriedenheit, Freude, Erfüllung und Harmonie bedürfen keiner Anstrengung.** Sie stellen sich ein, wenn man damit beginnt, wacher zu sein, das Leben bewusster und verantwortungsvoller gestaltet und sein Hauptaugenmerk nach innen verlagert.

Es gehört wohl zum Prozess des Lebens, dass jeder Mensch nach etwas sucht, bevor er zu Bewusstsein kommt – in seinem

Umfeld, seiner Umgebung und seinem Leben. Diese Suche ist ein Drang, den jeder in sich spürt, während er kopflastig und verstandesorientiert durchs Leben geht. Wenn wir allerdings bemerken, dass wir damit nicht weit kommen, **beginnen wir auf unser Herz und unsere Gefühle zu hören.** Das dauert eine Weile und bedarf oft schmerzlicher Erfahrungen, aber so werden wir zur Umkehr bewogen.

Es gibt viele Lernprozesse im Leben, die sehr unangenehm für uns sind, und besonders die Themen Reichtum, Fülle, Geld, Besitz und Materialismus prägen uns sehr. Um das Leben meistern zu können, bedarf es des Geldes, und das ist auch gar nicht schlimm. Geld braucht man nicht abzulehnen oder als schlecht abzutun, denn es ist wie alles nur eine Form von Energie. Warum denken wir dann oft negativ darüber? Nun, dieses Blatt bedrucktes Papier ist stark mit Macht- und Besitzthemen, Krieg und der Weltherrschaft behaftet, und so machen unsere Gedanken Geld zu etwas, was es in Wahrheit nicht ist.

Dabei ist Geld an sich etwas ganz Neutrales, und wenn wir welches »haben«, kann das durchaus wunderbar sein. **Alles ist wunderbar, solange wir es genießen und nicht besitzen wollen.** Sind wir genauso glücklich, ob mit oder ohne Besitz, ob gesegnet mit Reichtum und Geld oder nicht, dann haben wir den Wert des Lebens wahrhaft erkannt.

Wir können unser Leben von einem Moment auf den anderen ganz und gar verändern, und das ist für mich wirklich wunderbar, wenn auch nicht wirklich ein Wunder. Ich finde es völlig normal, das Leben individuell zu lenken, damit sich alle Ziele und Wünsche verwirklichen. Viele Menschen sind sich dessen nicht bewusst und kommen überhaupt nicht auf die Idee, ihr Leben selbst in die Hand zu nehmen. Dabei hat der, der sein Leben selbst steuert und es nicht sich selbst überlässt, viele Chancen, inneren Reichtum und Fülle zu erfahren. Und das zieht unweigerlich auch eine Veränderung in der Lebenssituation nach sich.

Es ist an der Zeit, sich wieder daran zu erinnern, dass wir der Schöpfer unserer Umstände sind. Das ist eine Erkenntnis, die eine Investition nach sich zieht – **eine Investition ins Leben**. Wir bedienen uns dabei des Prinzips von Ursache und Wirkung, eines geistigen Gesetzes, das schon immer seine Wirkung entfaltete und es auch weiterhin tun wird. Und wenn wir dieses Prinzip doch kennen und davon überzeugt sind, weil wir unzählige Male seine Wirkung erfahren haben, was hindert uns daran, es für uns zu nutzen?

Wie oft haben wir unbewusst Ursachen gesetzt, deren Wirkungen wir erfahren haben. Es waren meist Wirkungen, die eigentlich gar nicht unseren Wünschen entsprachen. Aber das Prinzip hat sich als zuverlässig erwiesen. Warum setzen wir also nicht bewusst Ursachen, um genau die Wirkungen zu erzielen, die wir uns ersehnen? Das ist nur eine Möglichkeit von vielen, wie wwir erfolgreich investieren können, um reiche Ernte einzufahren.

Vorerst ist es gar nicht so wichtig zu wissen, was wir genau tun sollen. Es reicht aus, sich daran zu erinnern, dass wir der Schöpfer unserer Lebensumstände sind und das Leben in unseren Händen halten. Es gibt so viele Möglichkeiten. **Wir haben die Wahl!** Auch Sie, also investieren Sie JETZT in Ihre Zukunft und beginnen Sie am besten SOFORT damit, Ihr Leben gezielt zu lenken, damit es genau so verläuft, wie Sie es sich vorgestellt haben. **Alles ist möglich! Stellen Sie diesen Leitsatz niemals in Frage!**

Der erste Schritt besteht in der Erkenntnis, dass uns alle Möglichkeiten zur Verfügung stehen, um das Leben zu verändern. Dies bedeutet Offenheit. Wer sich gegenüber dem Leben öffnet, wird schon bald bemerken, dass sich dadurch viele Dinge ganz von selbst ergeben. Innere Bereitschaft ist der erste Schritt – eigentlich gar kein Schritt, sondern nichts mehr als eine Einsicht. Diese Einsicht öffnet Ihnen Türen, die bisher verschlossen waren. Obwohl es nie einen Schlüssel gab, ist die Einsicht wohl der Schlüssel, um diesen Weg zu begehen. Sie brauchen in Wirklichkeit nur zu wählen und schon wird alles möglich sein.

Warum ist das Leben so, wie es ist? Warum verläuft das Leben vieler Menschen dann trotzdem dramatisch und disharmonisch? Weil der Mensch in der Regel seine Antennen immer in Richtung der scheinbaren Probleme, Konflikte und Unstimmigkeiten ausgestreckt hält. Wer sich den ganzen Tag mit solchen Dingen beschäftigt, darf sich nicht wundern, dass sich die Situation nicht beruhigen kann. Wer ständig Öl ins Feuer gießt, wird es nicht löschen können. **Es ist nicht so, dass uns das Problem nicht loslässt, sondern wir halten es fest.** Und dies oft Stunden, Tage oder Wochen lang. In unseren Gedanken befürchten wir das Schlimmste und sehen immer nur das, was uns belastet. Statt unsere Aufmerksamkeit auf das Schöne und Wertvolle zu richten, bleiben wir in der täglichen Verworrenheit stecken.

Entscheidend ist also, worauf Ihr »Auswahlempfänger« eingestellt ist. Es ist wie beim Fernsehprogramm. Es kann nur das gewählte Programm empfangen werden, auch wenn alle anderen Programme ebenso real vorhanden sind. Sie können jederzeit gewählt werden, doch sie springen nicht von selbst um. Es bedarf des Wissens, dass es da eine Fernbedienung gibt, die erst betätigt werden muss, damit sich ein anderes Programm zeigen darf. Bei uns Menschen ist unsere Aufmerksamkeit dieser energetische Impuls. **Das, worauf wir unsere Aufmerksamkeit richten, wird unsere Wirklichkeit sein,** denn das, was wir Leben nennen, sind nur Bilder, die in unserem Bewusstsein entstehen.

Unsere Gedanken sind das, was wir Leben nennen! Dessen sollten wir uns endlich wieder bewusst werden und dieses Wissen auch für uns nutzen. Wenn wir bewusster und achtsamer durchs Leben gehen, beginnt sich alles zu verändern. Wir sehen alles klarer, und diese Klarheit spiegelt sich im Außen. Wo vorher Probleme waren, entdecken wir jetzt Aufgaben und Herausforderungen. Das Leben wird spannend, und wir folgen seinem Fluss, statt ständig gegen etwas anzukämpfen. Es wird immer etwas geben, wogegen man ist oder das man anders haben möchte, aber wir können es auch einfach so annehmen. Warum sind wir nicht dankbar für alles, was ist, und jagen weiter dem nach, was nicht ist?

Schenken wir der Situation doch einfach Dankbarkeit. Wir können dankbar sein, egal wie die Situation sich darstellen mag. Sie werden sehen, wenn Sie keinen Widerstand mehr leisten, dann verändert sich auch Ihr Leben. Die Dinge sind immer nur so schlimm, wie wir sie sehen. Es liegt an der individuellen Betrachtungsweise, nicht an der Sache selbst, wie etwas empfunden und wahrgenommen wird, wie etwas in Ihre Welt tritt. Die Dinge sind an sich eigentlich völlig neutral und ohne Wertigkeit, außer wir geben ihnen eine. Wie schnell stülpen wir dem Augenblick oder Menschen unsere Meinung über und bemerken dabei gar nicht, dass alles um uns herum nur das Ergebnis unseren Vorstellungen ist. Wie kann das Außen jemals etwas anderes sein als der Spiegel unserer Innenwelt?

Es ist wirklich an der Zeit, das Leben endlich genauer zu betrachten. Oberflächlich haben wir es ja schon lange genug gesehen. Ich lade Sie deshalb ein, mit mir gemeinsam den Weg der Bewusstwerdung und des erfolgreichen Investierens zu begutachten und anschließend selbst zu entscheiden, was für Sie optimal ist.

Finden Sie es heraus, denn Ihr Herz kennt diesen Weg.

DER TRAUM VON REICHTUM UND FÜLLE

Viele Menschen träumen davon, reich zu sein und mehr als genug zu haben, um sich alles leisten zu können. Ob dieser Wunsch allerdings wirklich wünschenswert ist, lasse ich hier einmal im Raum stehen. Wollen Sie glücklich sein, Geld haben oder sich Ihre Wünsche erfüllen? Wenn Sie ein sorgloses Leben führen wollen, bedeutet das vor allem zu erkennen, dass nicht Geld Sie glücklich macht, sondern Ihr Mangelbewusstsein Ihnen im Weg steht. Es geht nicht um Reichtum, es geht um Fülle – um die volle Wahlmöglichkeit.

Sich Geld zu wünschen ist doch an und für sich nichts Schlimmes, denken Sie, aber eben dieser Wunsch trennt Sie davon, es zu haben. Warum? Wenn Sie sich etwas wünschen, zeigt das, dass Ihnen etwas fehlt, und mit diesem Wunsch bezeugen Sie einen Mangel. Der Wunsch ist also genau das, was verhindert, dass Sie das so sehr Ersehnte erhalten.

Wir leben in einer Welt, in der wir Geld brauchen, um unser Leben zu bewerkstelligen. Das ist auch durchaus gut so, es spricht nichts dagegen, über Geld zu verfügen, aber es ist kontraproduktiv und durchaus falsch, wenn Sie glauben, Geld verdienen zu müssen. Geld *verdienen* geschieht mit Mühe. Alles, was Mühe bereitet, geschieht nicht in

Leichtigkeit. Nur was in Leichtigkeit geschieht, kann Früchte tragen. Es geht also nicht darum, einen Job zu finden, mit dem wir so viel wie möglich verdienen können, sondern seine *Berufung* zu erkennen, die automatisch Einnahmen erzeugt, wenn man ihr nachgeht.

Jeder Mensch besitzt gewisse Fähigkeiten, doch die wenigsten sind sich dessen wirklich bewusst. Die eigenen Stärken kann man nicht finden, man braucht sie nur zu entdecken, indem man in sich geht und seinen Gefühlen folgt. Schon die deutsche Sprache zeigt, dass »Ver-dienen« etwas »Ver-kehrtes« ist. In anderen Sprachen gibt es zwar ähnliche Formulierungen, aber es schwingt etwas ganz anderes mit. In den USA wird Geld »gemacht«, in England »erntet« man es, in Schweden »bekommt« man es, in Frankreich gibt es die Lebenskünstler, die es »gewinnen«, und in Ungarn »sucht« man es. Da Wörter Welten bewegen und Realität erschaffen, kann man hier schon Unterschiede erkennen.

Es gibt also viele Wege, um zu Geld zu kommen. Um Ihren Traum vom »Reichtum« zu verwirklichen, bedarf es lediglich der Entscheidung, in welche Richtung Sie gehen wollen. Was ist Ihr Weg? Erst wenn Sie Ihren Weg gewählt haben, werden sich daraus die richtigen Schritte ergeben. Nicht nur diese innere Entscheidung gilt es zu treffen, auch mit dem Wissen um die Gesetzmäßigkeiten des Reichtums sollten Sie sich vertraut machen.

Reichtum gehorcht nämlich bestimmten Gesetzen, dem »Gesetz von Ursache und Wirkung« und dem »Gesetz der Resonanz«. Zu Geld zu kommen ist im Grunde ganz einfach. Es ist nicht viel anders, als eine Fremdsprache zu erlernen oder Auto zu fahren, das können Sie mir glauben. Es mag sich komisch anhören, doch nur weil Sie nicht wissen, warum der Fluss stagniert, heißt das noch lange nicht, dass es keine Möglichkeit gibt, den Fluss wieder in Fahrt zu bringen. Erinnern Sie sich noch an Ihre erste Fahrstunde? Vielleicht fiel sie Ihnen schwer und Sie brauchten erst eine Einweisung, um sich in die Materie zu vertiefen. Heute denken Sie sich gar nichts mehr dabei, und alles läuft automatisch. Sie brauchen keine Sekunde mehr zu überlegen, wann Sie schalten oder bremsen müssen, es geschieht alles ganz von selbst. Auch das Geld möchte ganz von selbst zu Ihnen kommen, doch dazu bedarf es erst Ihrer Erkenntnis, dass Sie es verweigern und fernhalten, ohne es zu wissen.

Es genügt einfach nicht, lediglich festzustellen, dass Sie nichts oder zu wenig haben. Viel wichtiger ist die Erkenntnis, dass es gar nicht anders sein kann. Es entspricht Ihrem Denken und Ihrem Sosein. Wer im Mangelbewusstsein lebt, verhindert den Geldfluss mit großer Sicherheit. Wenn man *das* entdeckt hat, stellt sich nicht nur die Frage, *warum* man ihn verhindert, sondern vor allem auch, was man machen kann, um ihn wieder in Fahrt zu bringen. Wie bringen Sie Ihren Geldfluss wieder in Fahrt?

Ich glaube, jedem Menschen erscheint der Wunsch, zu Geld zu kommen, schwierig. Der Wunsch selbst ist für sich genommen ja schon das Problem. Er ist es deshalb, weil jeder Wunsch aus einer Schwierigkeit geboren wird. Auch ich hatte vor sehr, sehr langer Zeit diesen Wunsch. Irgendwann habe ich dann erkannt, dass es nicht um das Tun, sondern vielmehr um meine Überzeugungen geht. Man kann sich noch so sehr anstrengen, *aus dem Wollen und Handeln heraus wird nichts Dauerhaftes entstehen*. Vielleicht entsteht etwas, aber es wird uns nicht zufriedenstellen und schon gar nicht glücklich machen.

Einem Jeden geschieht nach seinem Glauben. Solange Sie überzeugt sind, dass es nicht einfach ist, zu Geld zu kommen, solange werden Sie es auch so erleben. Nach und nach werden Sie die »Wohlstandsverhinderungs-Programme« durchschauen, die zuverlässig Ihren Wohlstand verhindern. Auch ich durfte erkennen, dass ich mir nur selbst im Weg stand. Danach ging es eigentlich sehr schnell, und alles war erstaunlich einfach.

Wenn Sie mich im Nachhinein fragen, wie das alles vor sich gegangen ist, kann ich es Ihnen nicht beantworten. Wer Vorstellungen, Überzeugungen, alte Muster, Programme und Gedankenkonstrukte durchschaut und hinter sich lassen kann, dem öffnet sich das Leben. So einfach ist das! Das Leben kann sich Ihnen aber nur öffnen, wenn Sie es ebenfalls tun. Sie müssen sich öffnen – Sie müssen die Erkenntnis haben! Glauben Sie mir: Der erste Schritt der Erkenntnis ist sogar wesentlich wichtiger als das Handeln selbst.

Wir glauben immer, dies oder das tun zu müssen. Wir suchen nach Auswegen und Lösungen und geraten dabei ständig in Sackgassen. Das Leben lässt sich eben nicht durch eine Lösung oder Antwort bezwingen, doch es verschenkt sich an Sie, wenn auch Sie sich verschenken. Wir haben es ja alle so gelernt und sind es seit jeher gewohnt, etwas aus dem Leben zu machen, statt das Leben machen zu lassen. Wer sich dem Lebensstrom übergibt, braucht sich nicht mehr zu sorgen. Wer aber ständig gegen den Strom paddelt, dem werden schon die kleinsten Strömungen Schwierigkeiten bereiten.

Der Lebensfluss kennt keine Widerstände. Es kann sein, dass uns ein Stück Holz entgegen schwimmt oder wir auf einen Stein stoßen. Nur ist das nicht weiter schlimm, weil wir ja wissen, dass der Strom uns weiterführen wird. Das Holz treibt vorbei, und auch den Stein werden wir schon bald hinter uns lassen, und wenn wir tausend Mal hinfallen, stehen wir einfach wieder auf und gehen weiter.

Die Gewissheit, dass alles im Leben vergeht, schenkt uns Halt – einen wunderbaren Halt. Wir verstehen ganz selbstverständlich: Wer stehen bleibt, der geht unter, wer sich vorwärts treiben lässt, wird ewig gehalten.

Wenn Sie erkannt haben, dass Wohlstand und Fülle ganz und gar natürlich sind, und alle Hindernisse beseitigt haben, wird Ihnen die Fülle nicht nur zufließen, sondern Sie werden erkennen, *dass Sie die Fülle sind.* Sie waren nie etwas anderes, *weil es nichts außer Fülle gibt.*

Als ich entdeckte, dass ich mir – wie jeder andere Wohlstandsmehrende auch – Überzeugungen und Gewohnheiten zulegen kann, wurde mir bewusst, dass Erfolg *unvermeidbar* ist.

Ich kann Sie nicht davon überzeugen, jeder macht seine Erfahrungen selbst und bei jedem werden sie anders ausfallen. Aber ich kann es Ihnen vorleben, um Ihnen zu zeigen, dass es funktioniert. Vielleicht kann ich Sie damit anstecken und bewirken, dass auch Sie Ihr Leben etwas überdenken und sich die Abläufe genauer ansehen. Es reicht nicht aus, die Dinge hinzunehmen, wie sie zu sein scheinen, obwohl sie so gar nicht sind. Es geht darum, alles genau zu betrachten und darin die Wahrheit zu entdecken.

Warum ein oberflächliches Hinsehen einfach nicht ausreicht? Es ist als würden Sie eine Tischdecke betrachten. Sie können Sie nun beschreiben, feststellen, dass sie rot ist, mit hübschen Blumen verziert und abwaschbar. Doch Sie werden das schöne Holz, die Verschnörkelungen und die Lackierung des Tisches erst dann erkennen, wenn Sie auf den Tisch zugehen und die Tischdecke anheben. Sie können ewig davor stehen bleiben, erst wenn Sie genauer hinsehen und es erforschen, werden Sie das Tiefliegende entschleiern.

Wir geben uns allzu schnell mit dem zufrieden, was wir sehen, aber das, was wir sehen, ist nur eine oberflächliche Sinneswahrnehmung, die jenseits der *Einen Wirklichkeit* ist.

Gerne teile ich in diesem Buch meine Erfahrungen mit Ihnen. Und glauben Sie mir, sich als Fülle zu erleben ist leichter, als Sie es sich vorstellen können. Wenn Sie das Wollen und Nachdenken sein lassen, wird alles viel einfacher sein.

Auch in diesem AUGENBLICK investieren Sie gerade. Sie investieren sogar das Wertvollste, das Sie haben, Ihre Lebenszeit. In jedem AUGENBLICK investieren Sie ein Stück Ihres Lebens, in der Erwartung, eine erwünschte Gegenleistung zu bekommen.

Sie wollen mehr Lebensqualität, Zufriedenheit, Erfüllung – und natürlich hoffen Sie auch auf Erfolg. Das ist nicht schlecht, es ist durchaus menschlich, solche Wünsche zu haben, doch damit stehen Sie sich selbst im Weg. Verlassen wir den Kindergarten und begeben wir uns eine Stufe weiter, nutzen wir unsere Reife, die wir alle in uns tragen. Diese Reife ermöglicht uns zu erkennen, dass wir Erfolg, Erfüllung, Reichtum und jede Form der Veränderung im Außen niemals finden und auch nicht erzeugen können. Vorübergehend erscheint es uns so, doch das alles hat keinen Bestand. Jegliche Form der Wandlung entsteht im Innern, und allein aus diesem Grund sollten wir uns *in diese Richtung ausrichten.*

Das heißt nicht, dass wir den ganzen Tag meditieren müssen. Ganz und gar nicht! Es geht darum, die Grenzen des Verstandes hinter uns zu lassen, achtsamer zu sein, Momenten der Einkehr und Besinnung Raum zu geben und öfter mal einen Gang runterzuschalten.

Lassen wir das Außen mehr und mehr beiseite, um uns frei zu fühlen, uns vom Alltagstrubel zu befreien. Wer mit sich alleine und dabei zufrieden sein kann, der hat die ersten Schritte schon mit Bravour gemeistert.

Also ist die beste Investition die Investition in sich selbst.

»INVESTIEREN«, ABER RICHTIG!

Viele Menschen denken bei dem Begriff Investieren zunächst an die Börse, an Geld, Besitz und Vermögensvermehrung. Natürlich ist auch das ein möglicher Aspekt des Investierens, auf den ich später noch detaillierter eingehen werde. Dies ist aber nicht das Wichtigste. Neben dem materiellen Investieren gibt es auch ein geistiges, das durchaus wertvoller ist. Wer langfristig gewinnen will, der investiert nicht in sich selbst, sondern in DAS SELBST.

Es gibt einen Spruch, der da lautet: »Wer sein Leben lang nichts versucht, außer Geld zu verdienen, der verdient auch nichts außer Geld. Und was »verdienen« Sie? Was steht Ihnen zu? Wie steht es um Ihre Wertigkeit, alles zu haben, was möglich ist?

Das Universum trägt allen Überfluss in sich, und jeder Mensch kann ihn sich zu Eigen machen. Dies gelingt uns aber nur, wenn wir das Pferd verkehrt herum satteln. Es gelingt nur, wenn wir nicht mit Gewalt, Anstrengung und Ellbogentechnik unter Aufbietung jeglicher Mittel uns krampfhaft bemühen, unbedingt das zu erreichen, was wir uns wünschen, sondern es durch inneren Reichtum und geistiges Wachstum versuchen, indem wir äußeren

Reichtum entstehen und auf ganz natürliche Art und Weise gedeihen lassen.

Wir alle »investieren« ständig, dies geschieht ganz unbewusst. Wir investieren unsere Interessen, unsere Aufmerksamkeit, Geduld und Beharrlichkeit, Ausdauer und anderes mehr. Am meisten investieren wir in Gedanken, aber auch Hoffnungen und Wünsche beschäftigen uns viel. Die Gesundheit hat große Bedeutung, und dort investieren wir ebenso Zeit. In Gefühlen verlieren wir uns oft und investieren dort besonders viel in Erinnerungen und Zukunftsvorstellungen, obwohl es eigentlich immer nur ein Jetzt gibt. Zukunft und Vergangenheit sind nichts weiter als Vorstellungen, *denn wenn wir nicht daran denken, existieren sie nicht.* Es sind also nicht nur Wissen, Bildung, Ausbildung und berufliche Qualifikationen, in die wir investieren, sondern alles, dem wir unsere Aufmerksamkeit schenken und womit wir uns auseinandersetzen, ist eine Art Investition. Sie geschieht meist unbewusst und hat trotzdem Folgen. *Diese Folgen sind das, was wir Leben nennen.*

Ob wir es nun wissen oder nicht: Unsere täglichen Investitionen formen und gestalten unser Leben. Wir setzen Ursachen. Und sie ziehen Wirkungen nach sich. Investieren wir viel in Befürchtungen und Lebensängste, werden diese wahr. Um das Werkzeug Mensch zu optimieren, strengen wir uns viel zu sehr an und haben im Laufe der Zeit eine sehr unnatürliche Haltung eingenommen. Wir bemühen uns ständig, und dies bedeutet ein mühsames Leben. Die Leichtigkeit ist uns abhanden gekommen und das Leben ein täglicher K(r)ampf geworden. Die Folge: Burnout, Depressionen und starke Ängste.

Unter derartigen Erscheinungen leidet die Mehrzahl der Menschen. Dabei sind sie nichts weiter als die Folge unserer unnatürlichen Lebenshaltung und -einstellung. Unsere Unnatürlichkeit beginnt mit Kleinigkeiten, beispielsweise dem Anspruch, den Anforderungen anderer und des realitätsfremden Systems zu entsprechen. »Bemüht sein« setzt sich an die Stelle von »so sein, wie man ist«. Wir leben das Gegenteil des Gewünschten. Das spiegelt sich in Kleinigkeiten, die uns gar nicht mehr auffallen, weil wir ihnen ständig nachkommen. Es sind aber keine Kleinigkeiten, es sind genau diese scheinbaren unwichtigen Verhaltensformen, die unseren Panzer jeden Tag rauer und dicker werden lassen.

Aus diesem Grund haben wir auch den Zugang zu unserem Herzen verloren. Das unnatürliche Verhalten macht uns krank. Sympathisch zu sein, gut auszusehen, geliebt zu werden, Eindruck zu hinterlassen und ständig erfolgreich, gesund, stark und perfekt zu sein, macht uns krank. Der erste Schritt bestünde hier darin, dieses oberflächliche und gekünstelte Verhalten abzulegen und damit zu beginnen, einfach nur *identisch* zu sein. Eigentlich ist das ja ganz einfach, doch das Problem sind nicht die anderen, sondern wir selbst. Wir mögen vieles an uns selbst nicht und wollen uns doch immerzu verändern und manipulieren. Wenn da niemand ist, dem etwas an uns stören könnte, dann sind wir es selbst, die etwas an uns zu bemängeln oder zu verbessern hätten. *Wann* genügen wir uns selbst?

Bevor wir unsere Gewohnheiten beiseite lassen können, braucht es die Erkenntnis, wo, wann und warum wir uns selbst im Wege stehen. Haben wir dann die Muster unserer Persönlichkeit, die wir in Wahrheit gar nicht *sind*, durchschaut, beginnt ein ganz neuer Lebensabschnitt. Wir sagen beispielsweise »Ich habe ein Problem« und sind überzeugt, dass das so ist. Dabei sind wir weit davon entfernt! Wir wissen weder, WAS ein Problem ist, noch wissen wir, wer »der« ist, der ein Problem zu haben glaubt.

Finden wir also als Erstes heraus, »wer« wir sind, und investieren wir zunächst in die Erforschung dieser Frage, deren Antwort wir nicht im Außen finden werden. Wenn wir zu Bewusstsein gekommen sind und entdeckt haben, WAS unsere wahre Identität ist, dann erst können wir uns verwirklichen und entfalten. Nach dieser Erkenntnis wird sich Folgendes ereignen: Wir bringen uns vollkommen in unser Leben als Gewinner, Schöpfer und Gestalter ein und nutzen unsere Schöpferkraft, Talente und Fähigkeiten. Das ist ein völlig natürlicher Vorgang, der ganz von selbst geschieht, wenn wir ihn nicht blockieren.

Durch die eigene natürliche Kraft, Liebe und Dankbarkeit erhält das Leben automatisch die richtigen Anweisungen für Erfolg und Bewusstwerdung, weil es unserem Sosein folgt. Unsere innere Ausstrahlung, die ich energetische Signatur nenne, erschafft ein uns entsprechendes Leben, und weil unsere Ursache natürlich und ursprünglich ist, wird auch die Wirkung so sein. Diese Wirkung entspricht dann nicht mehr der momentanen Härte.

Investieren wir also in die richtige Ursache, um die passende Wirkung zu erzeugen, ohne Strenge und hartes Wollen. Das Problem liegt nicht an den Lebenssituationen, die wir als schwierig bezeichnen, sondern darin, *dass wir Widerstand leisten*. Wir investieren viel zu viel Energie in die *Veränderung des Unerwünschten*, statt unsere Investition in den AUGENBLICK zu legen, der nun mal so ist, wie er ist. Sich ständig anzustrengen, um es anders haben zu wollen, ist nicht nur mühsam, es bringt auch rein gar nichts. Es zieht nur weitere Schwierigkeiten nach sich. *Investieren wir in den Augenblick und begegnen wir ihm mit Achtsamkeit und Freude, ohne ihn verändern oder manipulieren zu wollen.*

Es ist Energieverschwendung, sich gegen etwas zu stellen, und dieser Energieverlust verhindert erfolgreich, dass sich alles harmonisiert und zum Guten wendet. Schauen wir genauer hin, erkennen wir, dass alles immer die »Chance zum Besseren« in sich trägt. Wenn wir das entdeckt und verstanden haben, wenn uns dies zur Gewissheit geworden ist, können wir aus jedem Alltag immer etwas ganz Besonderes machen.

Die Kunst der Mühelosigkeit sollten wir uns *aneignen* und *leben* – und nicht nur wissen, dass es sie gibt. Wer in der Leichtigkeit des Seins lebt, lebt auch in finanzieller Freiheit. Dies bedeutet, AB SOFORT Dinge geschehen zu lassen und zu bewirken. So brauchen wir nicht mehr zu »arbeiten« und treten in einen »bezahlten Urlaub für immer« ein, den wir dann auch leben können, weil wir uns nicht mehr gegen das Leben entscheiden.

Indem wir uns neu ausrichten und ganz einbringen, als *Ganzes* und nicht nur als Mensch, investieren wir in unsere wahre Identität, die uns das faszinierende Abenteuer Leben von einer anderen Seite zeigen wird, die wir bisher nicht einmal erahnt haben.

ALLES BEGINNT MIT DER AUSRICHTUNG

Wie gut wir unser Leben meistern, hängt von unserer Fähigkeit ab, an der richtigen Stelle erfolgreich und optimal zu investieren. Wir können aus allem einen Erfolg machen, indem wir einfach nicht eher aufhören, als bis es Wirklichkeit geworden ist. Eine Sache ist immer erst dann erledigt, wenn sie erfolgreich abgeschlossen wurde.

Ich wurde schon oft nach dem Geheimnis meines Wohlstands gefragt, obwohl es eigentlich gar kein Geheimnis ist. Ich habe lediglich einige Möglichkeiten entdeckt, die letztlich immer zum gewünschten Erfolg geführt haben, wenn man sie konsequent angewendet hat. Außerdem habe ich das Leben etwas genauer betrachtet und mich nicht darauf versteift, im Außen etwas herbeiführen oder erreichen zu wollen. Ich wurde mir bewusst, dass es einzig an meinem Wesen und Bewusstsein liegt, wie mein Leben verläuft.

Ich begann damit, mich nach innen auszurichten, um dort alle Antworten auf meine Fragen zu finden. Und ohne zu suchen waren sie da, weil ich meine ganze Aufmerksamkeit von Äußerlichkeiten abzog und nach innen verlagerte. Das ist eigentlich das ganze Geheimnis, das gar kein Geheimnis ist, weil das ein jeder machen kann.

Wenn auch Sie Lust dazu haben, in Ihr Leben zu investieren, um es komplett neu zu gestalten, dann können Sie das JETZT tun. Es hindert Sie niemand daran, außer Sie treffen diese Entscheidung *nicht* und stehen sich weiterhin im Weg. Der Weg, stets die richtigen Entscheidungen zu treffen, beginnt beim Fokus, also damit, worauf Sie Ihr Augenmerk richten. Dazu fällt mir die Geschichte von einem alten, weisen Russen ein:

Ein alter, weiser Russe lag im Sterben und rief seine drei Söhne zusammen. »Nun ist es an der Zeit, einen würdigen Nachfolger für mein Erbe zu finden. Derjenige, der in der geradesten Linie über dieses mit Schnee bedeckte Feld gehen kann, wird das ganze Land erhalten.«

Der erste Sohn Schritt entschlossen voran. Ab und zu schaute er zurück, um zu sehen, wie gut er es machte, und korrigierte seine Richtung. So ging er in einer mehr oder weniger geraden Linie über das Feld.

Der zweite Sohn hatte diese Methode genau beobachtet und dachte, dass er es besser machen könnte. Er machte sich rückwärtsgehend auf den Weg, damit er die Linie, die er im Schnee machte, sehen konnte, um sie kontinuierlich zu berichtigen.

Der dritte Sohn nahm einen Baum am Horizont ins Visier, hielt seinen Blick unverwandt auf den Baum gerichtet und ging Schritt für Schritt weiter. So zog er eine perfekte Linie über den Schnee.

»Nur wer seine Ziele im Auge behält und geradewegs ohne Umschweife darauf zusteuert, ist würdig, mein Erbe anzutreten«, sagte der Vater zu seinem dritten Sohn und schlief friedlich für immer ein.

Wir sollten nicht nur gelegentlich so reagieren und funktionieren. Wir sollten es uns zur Aufgabe machen, das Leben viel bewusster wahrzunehmen. Und zwar ständig, Augenblick für Augenblick. Der Tag streicht an uns vorbei, und irgendwie bekommen wir nur einen Teil davon mit. Wir verlieren uns in Gedanken und Gefühlen, aber wann sind wir wirklich DA? Wann beginnen wir damit, den AUGENBLICK als absolute und einzige Realität zu erleben, die uns erfüllt und uns sicher und sanft durch das Leben trägt?

Gedanken befördern uns in die Vergangenheit und zwingen uns in die Zukunft, statt einfach nur anwesend zu sein. Wir denken den ganzen Tag über etwas nach, ohne es zu bemerken. Dieses Nachdenken ist eine Investition in ein schmerzvolles und unangenehmes Leben. Warum? Weil Gedanken keine Existenz haben. Sie sind nur ein Luftschloss, das wir aufbauen und nähren. Denken wir weg, fällt es in sich zusammen, denken wir hin, steht es plötzlich wieder da. Wir sollten viel bewusster mit dem Gedankengut umgehen, das dieses Luftschloss erzeugt – dieses Luftschloss, das wir »unser Leben« nennen.

Eigentlich haben wir noch nie darüber nachgedacht, was Gedanken überhaupt sind und wo sie entstehen. Trotzdem verbringen wir mehr Zeit mit Ihnen als mit unserer Familie, unserem Partner und unserer Arbeit. Und am wenigsten investieren wir in die Zeit, die wir mit uns selbst verbringen. Warum? Weil es dann still wird und der Mensch auf sich selbst zurückgeworfen wird – er ist mit sich selbst konfrontiert. Das ist anfangs unangenehm, weil da Dinge hochkommen, die man eigentlich gar nicht ansehen will. Man war ja lange Zeit damit beschäftigt, sie unter den Teppich zu kehren, und in der Ruhe steigt all das hoch, was wir so sorgfältig unterdrückt haben. Doch das Unangenehme aufsteigen zu lassen macht Sinn, nur so können wir es ansehen und unsere Schwächen und Muster erkennen.

Das Unangenehme einfach verschlossen zu halten ist keine Lösung. Vielleicht funktioniert das eine Zeit lang und fühlt sich ganz gut an, doch wenn es hochkommt, nennen wir es Depressionen. Depressionen sind nichts anderes als unterdrückte Gefühle. Wer sich um seine emotionale und seelische Ebene nicht kümmert, dem geben Depressionen ein Zeichen, dass man vom Weg etwas abgekommen ist. Nun kann man damit beginnen, sich um seine Bedürfnisse und Empfindungen zu kümmern, oder es einfach ignorieren.

Je länger wir damit warten, in unser Selbst zu investieren, umso schmerzvoller werden die Erfahrungen sein, die wir machen. Aber oft braucht es den Schmerz, um aufzuwachen und zu erkennen, dass das Leben selbst nichts zu bieten hat, was uns auf Dauer erfüllt. Die Erfüllung liegt in uns und wartet nur darauf, entdeckt zu werden.

Sie sehen also, wer in Gedanken investiert, investiert in einen »Leidensweg«. Investieren Sie Zeit, um herauszufinden, was Gedanken in Wirklichkeit sind, dann ist Ihnen ein Weg der Freude gewiss. Erinnern Sie sich nicht nur gelegentlich, sondern immer öfter daran, dass Sie in jedem AUGENBLICK die Möglichkeit haben, sich und damit Ihr Leben zu ändern. Das heißt nicht, dass Sie etwas tun müssen, vielmehr sollten Sie vom Tun ins Beobachten gehen und den Dingen erlauben, ihren natürlichen Fluss wieder aufzunehmen. Je harmonischer und ursprünglicher dieser Prozess abläuft, umso weniger Widerstand kann entstehen. Und nur dieser Widerstand gegen etwas hindert Sie daran, glücklich zu sein.

Erleben auch Sie die wunderbare Verwandlung Ihres Lebens mehrmals täglich. Sie findet ständig statt, in allem, was geschieht. Auch wenn der geistige Mensch alles verursacht, können die materiellen Ereignisse, die sich einstellen, sehr beeindruckend sein.

Ich denke da an eine Aktie. Meine allererste Aktie, die ich auf diese Weise auswählte, indem ich mich sehr spontan und richtig für sie entschied, war ein voller Erfolg. Sie verfünffachte meine Investition innerhalb weniger Monate. Natürlich dachte ich anfangs an Anfängerglück, und tatsächlich habe ich das so bisher nicht wiederholen können. Aber 36 % Gewinn im Jahr sind immer noch ein beachtliches Ergebnis.

Geld zu haben, darüber zu verfügen oder damit zu spekulieren ist kein Widerspruch zu einer bewussten Lebenshaltung. Solange wir dem Geld keinen hohen Stellenwert einräumen, es nicht überbewerten und uns nicht daran binden, ist das völlig in Ordnung. Wichtig ist allerdings, in jedem Moment frei zu sein und seine Zufriedenheit nicht vom Geld abhängig zu machen. Wer ohne Geld genauso glücklich ist, der hat das Leben wirklich durchschaut und der investiert auch richtig. Darum soll es in diesem Buch gehen.

Eine der wichtigsten Erkenntnisse in Bezug auf die Vermehrung von materiellem Besitz ist, dass es nicht nur auf die richtige Auswahl der Investitionen ankommt, sondern noch erheblich mehr auf die energetische Signatur, also das Bewusstsein, die »Ausstrahlung« des Investors. Nach dem Gesetz der Resonanz können wir nur die Dinge in unser Leben ziehen, die unserer Schwingung entsprechen. Ein trauriges Beispiel dafür sind die Lottokönige. Sie sind plötzlich zu Geld gekommen, doch wenn diese Fülle nicht Ihrer Schwingung entspricht, ist das Geld nach kürzester Zeit nicht nur wieder weg, sondern meistens bleiben auch noch beachtliche Schulden. Es geht also vor allem darum, das BEWUSSTSEIN des Investors zu optimieren und auszurichten, dann ist der Erfolg nicht mehr zu vermeiden.

Unsere Intuition ist eine sehr hilfreiche und natürliche Fähigkeit, um unser Bewusstsein zu optimieren. Ich kenne keinen Menschen, der nicht über die Fähigkeit der Intuition verfügt. Aber auch wenn wir diese Fähigkeit alle in uns tragen, muss sie doch erst wieder entdeckt und gefördert werden. Wir haben es verlernt, auf unser Gefühl zu hören, und um brauchbare Ergebnisse zu erzielen, ist es wichtig, in die Wiederbelebung der Intuition zu investieren. Sobald Sie intuitiv handeln, werden die Ergebnisse wirklich beeindruckend sein.

Ihr Verstand kann nur einen Bruchteil von dem erfassen, was es an Informationen gibt. Aber sie alle sind im morphogenetischen Feld abgespeichert und jederzeit abrufbar. Der Verstand erinnert sich an das Erlebte, mehr kann er nicht. Das Unterbewusstsein hingegen kann nahezu alles erfassen, weil alles immer vorhanden ist. Allerdings ist es auf einer Ebene abrufbar, auf der der Verstand keinen Zutritt hat.

Der Verstand ist ein Ableger dieser Ebene und kann deshalb nie Teil davon sein. Aus diesem Grund ist es wichtig, jede Entscheidung mit dem Herzen zu treffen und darauf zu vertrauen, wenn das Gefühl ja sagt.

INTUITIV JA SAGEN

Wir werden unsere natürliche Fähigkeit der Intuition optimieren. Doch das ist noch nicht alles. Ich zeige Ihnen auch, wie man so richtig vermögend wird. Es gibt eine Redensart, die ich sehr schätze: »Vermögend ist nicht der, der viel hat, sondern der, der etwas vermag – und wer viel vermag, der wird vermögend sein.« Sie sagt so ziemlich alles aus.

Wahrhaft vermögend ist der, der die Fähigkeit besitzt, aus dem Nichts ein neues Vermögen aufzubauen, falls er einmal alles verloren hat. Aber um erfolgreich zum Ziel zu kommen, muss man außerdem stets als Gewinner leben, ein Gewinner sein und als solcher handeln. Und wissen Sic was? Das »Geheimnis des Gewinnens« ist in Wirklichkeit gar keines, denn jeder, der es kennt, kann davon Gebrauch machen. Es gibt keine Sonderrechte, und keiner bringt bessere oder schlechtere Voraussetzungen mit. Es mag sein, dass es Lebenssituationen gibt, die besser oder schlechter erscheinen. Aber das ändert nichts daran, dass die Grundvoraussetzungen in beiden Fällen gleich sind. Jeder hat das gleiche Potenzial, und keiner ist weiter oder weniger weit entwickelt. Es gibt auch keine schlechten Menschen. Es gibt nur Menschen, die vergessen haben, was sie in Wirklichkeit sind.

Auch Sie können sich wieder an sich erinnern! Halten Sie einfach nur inne und spüren Sie mal in sich hinein. Stellen Sie alles in Frage, was Ihnen begegnet, sich Ihnen zeigt und was Ihnen widerfährt. Alles! Menschen. Gedanken. Situationen. Sich selbst. Gefühle. Das, was Sie Ihr Leben nennen und so weiter. Sie werden mit der Zeit herausfinden, dass das Leben alles ist, nur nicht so, wie Sie es sich vorgestellt und erdacht haben.

Auch können Sie sich zur Gewohnheit machen, wie man letztlich immer gewinnt. Sie glauben, das geht nicht? Glauben Sie es nicht, sondern probieren Sie es selbst aus. Ich werde Ihnen zusätzlich noch das Gegenteil beweisen. Es geht nicht darum, Sie von etwas zu überzeugen, denn Sie gehen Ihren Weg ganz alleine. Ihre Erfahrungen machen Sie ebenfalls selbst, ich kann sie Ihnen nicht abnehmen, aber ich kann Ihnen vorleben, dass es funktioniert. Ich möchte Ihnen zeigen, wie Sie ein richtiger Wohlstandsprofi werden und die besten Investitionen sicher erkennen. Die Fähigkeit, zu entdecken, welche zukünftigen Ereignisse sich JETZT abzeichnen und welche Chancen sich daraus ergeben, habe ich mir angeeignet, um dem Ganzen eine harmonischere Richtung geben zu können.

Die neue Quelle des Wohlstands ist nicht *mehr Besitz oder Geld*, sondern BEWUSSTSEIN. Fragen Sie bitte noch nicht, warum, und stellen Sie auch nicht fest, dass Sie mit Bewusstsein Ihre Rechnungen nicht bezahlen können. Das mag ja sein, doch entspricht es den Tatsachen, dass allein das Bewusstsein für Ihr materielles Gut verantwortlich ist!

Wer unbewusst lebt, ist innerlich arm – und das wird nicht die Wirkung erzeugen können. Wenn Sie zu Hause den Fernseher einschalten, wird nicht das Radio angehen. Also machen Sie sich bewusst, dass Ihr Inneres das Außen, also Ihre Lebensumstände, erzeugt und dafür verantwortlich ist und Taten im Außen nichts erzeugen können.

Auch *Ihr* Bewusstsein tritt wie jedes andere als Mangel oder Wohlstand in die Welt ein, und wenn es die Ursache für alles ist, was Ihnen widerfährt, dann kann *Änderung* auch immer nur im BEWUSSTSEIN erfolgen.

Sobald Absicht und Ursache übereinstimmen, wird Ihnen das Leben den erwünschten Endzustand als Ihre erlebte Realität manifestieren. Das Leben folgt immer dem Gesetz »WENN – DANN«. Sie brauchen nur eine Ursache zu setzen, dann wird die entsprechende Wirkung folgen. Umgekehrt gilt aber auch »wenn nicht, dann nicht«. Wenn Sie keinen Flug nach Amerika buchen, dann werden Sie auch nicht dorthin fliegen. Wenn Sie Ihre wahre Identität entdecken, dann wird Ihr Leben wunderbar sein. So einfach ist das.

Nun ja, vielleicht wissen Sie das, aber das Wissen alleine nutzt Ihnen nichts. Sie brauchen die eigene Erfahrung und die ist kein Vorkommnis in Ihrem Leben, sondern eine Entdeckung in Ihnen drin. Das Leben gibt Ihnen immer nur das, was Sie *hinein geben*. Es ist wie mit dem Echo: So, wie Sie in den Wald hineinrufen, so wird es auch zurückhallen. Wenn Sie einen Bumerang wegwerfen, wird kein Kochlöffel zurückkommen. Ja, Sie lachen, aber unbewusst sind sich viele Menschen nicht bewusst, dass nicht das Leben, die Umstände oder Menschen an Ihrer Situation schuld sind, sondern sie die Situation ganz allein selbst so erzeugt haben. Verwechseln Sie das aber bitte nicht mit Schuld, indem Sie meinen, an Ihrem Desaster Schuld zu sein. Es gibt keinen Schuldigen, es gibt nur unbewusste Menschen.

Menschen machen keine Fehler, sie sammeln Erfahrungen. Auch das Leben macht keine Fehler, es lässt das reifen, was sie gesät haben. Wenn die Saat stimmt, dann stimmt auch die Ernte. Das ist die Rückkehr in die vergessene Allmacht.

Sie finden hier kein Futter für den Verstand, sondern Nahrung für die Seele. Aber wir leben in einer Welt, in der es Geld braucht, um das Leben zu gestalten. Deshalb ist es durchaus sinnvoll, das zur Verfügung zu haben, was wir alle zum Leben brauchen.

Noch einmal: Es geht nicht darum, Ihnen Tipps zu geben, wie und in was Sie investieren sollen, sondern wie Sie wieder den Kontakt mit Ihrer inneren Weisheit aufnehmen können und selbst (als SELBST) ein erfolgreicher Investor werden. Ein Investor ins Leben!

Doch bevor der Wohlstand im Außen in Erscheinung treten kann, fragen wir uns einmal, inwieweit wir überhaupt Wohlstand leben. Wie sind unsere Gedanken? Stehen Sie allen zum Wohle, und sind auch unsere Gefühle und unser Handeln wohlwollend und gut? Wenn nicht, sollten wir daran etwas ändern. Und dazu brauchen wir uns nicht zu verstellen. Es kann nicht geschehen, dass wir etwas tun, was wir nur tun *sollen*, obwohl wir es eigentlich nicht tun *wollen*, weil es nicht unserem Wesen entspricht. Vielmehr geht es darum, zu durchschauen, in welchen Konstrukten, Vorstellungen und Gewohnheiten wir uns verstrickt haben. Genau die erzeugen nämlich dieses Leben, das uns oft so schwer zu schaffen macht.

Machen wir uns ein Bild von Wohlstand. Wie sieht Wohlstand für mich aus? Was verstehe ich darunter, und was habe ich dazu beigetragen, um Wohlstand zu verursachen?

Sie sind dem Wohlstand auf der Spur ...

... wenn Sie anderen Menschen gute Gedanken und Worte schenken.

... wenn Sie nicht mehr bewerten und Urteile fällen.

... wenn Sie dahinter sehen, dass Bewertungen nur Ihrer Sichtweise entsprechen.

... wenn Sie nicht den ganzen Tag sinnlos in der Gegend herum denken.

... wenn Sie nicht jedem Gedanken Aufmerksamkeit schenken.

... wenn Sie erkannt haben, was Gedanken in Wirklichkeit sind.

... wenn Sie damit aufhören, Widerstand zu leisten.

... wenn Sie bei sich bleiben, statt die ganze Zeit abzuschweifen und festzustellen, was andere machen, haben oder tun könnten.

... wenn Sie nicht ständig im Mangel leben, indem Sie immer nur das sehen, was Sie gerne hätten.

... wenn Sie sich an dem freuen, was jetzt ist.

... wenn Sie den Augenblick erfüllen.

... wenn Sie mehrmals am Tag in sich gehen und still werden.

... wenn Sie der Stimme des Herzens folgen.
... wenn Sie intuitiv handeln.
... wenn Sie damit beginnen, das Leben zu erforschen.
... wenn Sie erkennen, dass das, was Sie bisher als Probleme bezeichnet haben, nur Erfahrungen sind und sie Ihnen die Möglichkeit geben, es besser oder anders zu machen.
... wenn Sie das leben, was sich ergibt und da ist, statt dem hinterherzulaufen, was nicht ist.
... wenn Sie Ihre Worte erst überdenken, bevor Sie sie aussprechen. (Ist es sinnvoll und notwendig, das jetzt zu sagen?)
... wenn Sie alles mit Freude tun und allem wohlwollend begegnen.
... wenn Ihnen Ihr Leben nicht wichtiger ist als das der anderen.
... wenn Sie Teilen und Geben zu Ihrem Lebensmotto machen.

Das sind nur ein paar Anhaltspunkte, um zu erforschen, wie bewusst Sie Ihren Weg gehen. Der Erfolg stellt sich aber nicht einfach dadurch ein, dass Sie dies wissen und wollen, sondern Sie müssen es auch wirklich tun. Beginnen Sie damit, einen Punkt in Ihr Leben einfließen zu lassen, und nach und nach dürfen es immer mehr werden.

Seien Sie zufrieden mit den Gegebenheiten, die Ihnen das Leben schenkt, beziehungsweise der Saat, die Sie ausgebracht haben, und säen Sie das nächste Mal bewusster. Alle oben erwähnten Punkte sind Saatkörner, die auch gegossen und gepflegt werden müssen. Nur durch stete Wiederholung wird es zur Gewohnheit werden, Ihr Leben bewusster zu gestalten.

Dann gibt es noch die Menschen, die sich mit dem begnügen, was sie haben, obwohl sie unzufrieden sind. Sie leben in einer Art Opferrolle und glauben, dass sie nicht mehr verdient haben. Sie wünschen sich ein Leben lang, sie hätten mehr und könnten alles haben, wenn sie sich nur wieder daran erinnern würden, wie es zu erschaffen ist.

Man bekommt immer nur das, was man auch glauben kann. Viele sagen »Geld ist nicht wichtig« oder »Geld ist nicht alles«. Wenn Sie das glauben, wird es real. Ja, Geld ist wirklich nicht alles und auch nicht das Wichtigste, aber haben Sie kein Geld, bekommt es eine Form von Wichtigkeit, die Mangel erzeugt und verstärkt. Merken Sie sich eines: »Geld ist ein wunderbarer Diener, aber ein miserabler Herr.«

Sobald sich in Ihrer Vorstellung Wohlstand einnistet, wird er sich auch manifestieren können. Warum das so ist? Ihr Unterbewusstsein kann nicht zwischen tatsächlichem Besitz und der Vorstellung davon unterscheiden. Es wird deshalb alles tun, um den Wohlstand in Erscheinung treten zu lassen. Solange Sie aber darüber nachdenken, warum Sie so wenig haben und wie Sie zu mehr kommen können, sich also Sorgen machen, wird Ihnen das Unterbewusstsein genau das zeigen, nämlich nichts. Niente. Zero. Null.

Geldbewusstsein ist durch jahrelange Umstände und Programme geprägt. Wer wenig Selbstbewusstsein hat, der ist auch oft mit wenig Geld bestückt. Wenn Sie in einer wohlhabenden Familie aufgewachsen sind, entwickeln Sie ganz automatisch ein Wohlstandsbewusstsein, weil Sie es nicht anders kennen. Die meisten sind aber nicht in eine solche Umgebung hineingeboren, und das Wohlstandsbewusstsein wird erschaffen.

Es ist ein geistiges Gesetz, dass im Außen nur das in Erscheinung treten kann, was bereits in geistiger Form vorhanden ist. Das Außen wird nach der inneren geistigen Form erschaffen. Wenn Ihr Bankkonto leer ist, ist es nicht ganz einfach, sich die Fülle vorzustellen, aber wenn Sie etwas in Ihrer Welt verändern wollen, dann geht das nur über das Innen.

Die meisten Menschen wollen mehr Wohlstand, als sie brauchen, und begnügen sich mit viel weniger, als sie haben könnten. Es ist zwar wunderbar, einfach zu leben, weil das Leben ganz andere Werte bekommt, aber warum nicht das nutzen, was man haben kann? Man kann den Wohlstand ja auch sehr sinnvoll einsetzen, wenn er einem zur Verfügung steht.

Die Veränderung im Inneren ist der Preis, den Sie für die Veränderung im Außen zu zahlen haben. Und das ist alles. Es ist nur ein einziger Schritt, nämlich die Entscheidung, JA zu sagen und den Schritt zu wagen, in tiefere Schichten des Lebens vorzudringen.

Alles, was Sie bis jetzt erlebt haben, hat Sie nicht wirklich glücklich gemacht. Ja, vielleicht waren es Augenblicke der Zufriedenheit und der Freude, aber sie sind nicht geblieben. Alles, was auf Erden geschieht, vergeht, warum also daran festhalten?

Nutzen wir das, was wir haben, aber erzwingen wir es nicht.

Glauben Sie an sich und beginnen Sie damit, ganz Sie selbst zu sein und sich mit Ihrem Selbst auseinanderzusetzen, statt den ganzen Tag in der Weltgeschichte herumzudenken und sich in Dingen zu verlieren, die keinen Bestand haben.

DER GLAUBE ALS WOHLSTANDSMAGNET

Es gibt zwei Wege, um zu Geld zu kommen: Entweder Sie arbeiten für Geld, oder das Geld arbeitet für Sie. Sie bezahlen regelmäßig Ihre Rechnungen, aber wie oft bezahlen Sie sich selbst? Das tut kaum jemand. Selbst, wenn Sie es wollen, sagen Sie sich, dass dafür nichts mehr übrig ist, wenn Sie alles andere bezahlt haben.

Das unausgesprochene und vergessene Geheimnis der Reichen ist, dass sie sich zuerst selbst bezahlen und mit dem Rest auskommen.

Geben Sie sich mindestens 10 % Ihres Einkommens selbst. Die wirklich Reichen geben sich meist deutlich mehr. Sir Templeton sagte einmal, er habe sich von Anfang an, auch als er noch sehr wenig verdiente, immer 50 % gegeben.

Die meisten Menschen geben alles aus, was sie haben, da ist doch klar, dass für sie nichts mehr übrig bleibt. Manche geben sogar mehr aus, was aber nicht lange gut gehen kann. Sorgen Sie dafür, dass Sie einen angemessenen Teil Ihres Einkommens für sich haben.

Bei vielen Menschen entsteht der Verdacht, dass die geistigen Gesetze entweder für oder gegen sie arbeiten, das ist aber nicht ganz richtig. Es mag so aussehen, doch sie arbeiten immer für Sie. Die Gesetze können schließlich nichts dafür, wenn Sie sich Wohlstand wünschen, aber Mangel bestellt haben. Behalten Sie immer in Erinnerung, dass die Gesetze gar nicht anders können, als Ihren Anweisungen zu folgen, dann wird auf eine bewusste Wahl keine »weiche« Wirkung folgen können.

Geld ist nicht nur Belohnung für eine geleistete Arbeit, sondern in erster Linie die notwendige Folge eines sinnvollen und freudigen Wirkens. Arbeiten Sie nicht nur für Ihren Lebensunterhalt, sondern vor allem für sich selbst.

Es stimmt, dass wir alle unsere Rechnungen bezahlen müssen, doch allein dieser Gedanke erschafft Mangel. Aus diesem Mangel heraus ist es schwierig, seiner Berufung zu folgen und seine Fähigkeiten und Talente beruflich zu nutzen.

Lernen Sie als Erstes die beeindruckende Kraft kennen, die in einer Vorstellung steckt. Dies ist ein klares geistiges Gesetz: Wenn wir etwas vom Leben haben wollen, sollten wir die Gesetze befolgen, die das Leben bestimmen. Und natürlich ist hier unser Glaube entscheidend, denn wahrer Glaube ist wirklichkeitsschaffende Energie.

Alles, was Sie im Leben erreichen, steht in einem direkten Verhältnis zur Intensität und Ausdauer Ihres Glaubens. Damit trennen Sie sich nämlich vom Bild des Mangels und erschaffen in sich ein Bild des gewünschten Wohlstands. Ihr Geist ist ein Magnet, der das anzieht, womit Sie ihn erfüllen. Wenn Sie nur an das glauben, was Sie auch sehen können, werden Sie nie etwas Neues erschaffen. Jedes Bild, das Sie in Ihren Gedanken festhalten, sei es eine Befürchtung oder ein Wunsch, wird sich in der schnellmöglichsten Weise verwirklichen und als Ihre erlebte Realität in Erscheinung treten.

Leider erschaffen sich die meisten, nachdem Sie das Bild von Wohlstand erzeugt haben, umgehend wieder ein Bild des Mangels. Auf die Verinnerlichung von Wohlstand, Freude und Vertrauen folgt oft der Gedanke: »Ja, aber was ist, wenn es nun doch nicht funktioniert?«, oder: »Warum sollte es gerade bei mir klappen, ich habe doch noch nie Glück gehabt?« Wohlstand hat nichts mit Glück zu tun. Es ist der ureigene normale Zustand unseres Wesens. Mangel hingegen ist unnatürlich, das sollten wir annehmen und erkennen – dieses Wissen. Es ist normal, dass man zweifelt. Es ist normal und durchaus menschlich, doch wir sollten uns bewusst machen, dass wir dadurch das Bestellte wieder abbestellen.

Wir sehen in die Welt und sagen: Überall ist ja dieses Leid, dieser Schmerz, Hunger und Krieg.

Das mag sein, doch was ist das, was wir sehen? Ist es real? Existiert es nur in unseren Vorstellungen? Es ist nichts weiter als das *Spiegelbild unserer Disharmonien!*

Auch wenn es so aussieht, als ob Mangel normal wäre, sehen wir doch nur die Reflektion unseres eigenen Mangels, der etwas vollkommen Unnatürliches und künstlich Herbeigeführtes ist. *Fülle* ist natürlich und das Einzige, was *wirklich* existiert. Es gibt nur die FÜLLE!

Aber wie es im Leben nun einmal so ist: Eine einzige Eigenschaft entscheidet mitunter über Erfolg oder Misserfolg, eine einzige Eigenschaft, die wir uns fälschlicherweise zu eigen gemacht haben. Abhanden gekommen sind uns vielleicht Vertrauen, Zuversicht, Verantwortung, Achtsamkeit, Ausdauer oder Durchhaltevermögen. Ja, viele geben oft kurz vor dem Ziel auf, weil es ihnen zu lange dauert – und das Vertrauen fehlt.

Wichtig ist: Den Glauben sollten Sie nicht nur für fünf Minuten haben, sondern beibehalten. Kommt er Ihnen abhanden, erinnern Sie sich wieder an ihn, aber nicht erst nach vierzehn Tagen. Überprüfen Sie täglich vor dem Einschlafen, wie es um Ihre Glaubenssätze und Ihre restlichen Tugenden steht. Vertrauen ist ganz wichtig. Die tägliche Innenschau und ein Überprüfen, wie weit Sie vielleicht vom Weg abgekommen sind, sind wichtig.

Haben Sie Vertrauen. Es spielt keine Rolle, wenn Sie sich verirrt haben. Gehen Sie zurück. Vertrauen Sie. Wer hinfällt, sollte einfach wieder aufstehen. Nichts leichter als das. Vertrauen Sie. Es spielt keine Rolle, wie oft man schwankt, wichtig ist dranzubleiben und diszipliniert zu sein. Diese Disziplin hat nichts Hartes an sich, es ist eine Art Beständigkeit, die aus dem natürlichen Drang heraus entsteht, *zu sich selbst zurückzukehren*.

Die meisten Menschen wünschen sich Wohlstand, mehr Geld und Besitz, sind aber alten und längst überholten Glaubenssätzen verhaftet.

Sie glauben, dass ihnen Geld nicht zusteht und sie es nicht verdient hätten.
Sie glauben, dass Geld glücklicher macht.
Sie glauben, man müsse Geld hart »verdienen«.
Sie glauben, man müsse besondere Fähigkeiten haben und jemand Besonderes sein. (Jeder ist etwas Besonderes!)
Sie glauben, dass man ohne Geld besser dran sein und ein solches Leben unverdorbener wäre.
Sie glauben, sich mehr anstrengen und härter arbeiten zu müssen, damit es ihnen vergönnt sei, mehr zu haben.
Sie glauben, dass das Leben es nicht gut mit ihnen meine.
Sie glauben, ein besserer Mensch zu sein, wenn sie weniger haben. (Geld, glauben sie, verdirbt den Charakter.)
Und was glauben Sie?

Auch andere Programme, Gewohnheiten und Prägungen stehen Ihnen im Weg, um Geld erfolgreich anzuziehen:

Sie können Ihr wohlstandsverhinderndes Programm nicht erkennen.
Sie können es sich nicht vorstellen, mehr Geld zu haben.
Sie leben im Mangel und nicht im Chancenbewusstsein.
Sie treffen stets die falschen Entscheidungen, weil Sie nicht intuitiv handeln.
Sie haben die natürliche Fülle bereits im »Negativen« erschaffen, etwa eine Fülle an Problemen, Sorgen, gesundheitlichen Defiziten, Ärger und so weiter.
Sie haben nur negative Gedanken.

Sie können weder sinnvoll investieren noch richtig mit Geld umgehen.
Sie haben ein negatives Selbstbild.
Sie geben dem Leben die »falschen« – meist negativen – Anweisungen oder gar keine, was natürlich stets unbewusst geschieht.
Sie richten die Aufmerksamkeit vorwiegend auf das, was nicht sein soll, also auf das, was sie belastet.
Sie kennen so etwas wie Wohlstandsbewusstsein nicht.
Sie sind zu sehr in die vergänglichen Dinge des Lebens verstrickt.

Jedem geschieht nach seinem Glauben, und doch sieht Wohlstand für jeden anders aus:

⌘ *Wohlstand für Anfänger*

Probleme lösen.
Veränderungen herbeiwünschen.
Ziele unbedingt erreichen wollen.
In Saus und Braus leben.
Menschen nach ihrem Besitz beurteilen.
Viel Geld haben.
Anerkennung finden.
Profitorientierte Tätigkeiten ausüben.
Ich-Denken und Ellbogen-Technik.
Einen starken Willen haben.
Nur keine Schwäche zeigen.
Autos besitzen, schöne Schmuckstücke etc.

⌘ *Wohlstand für Fortgeschrittene*

Positives Denken und Leben.
Bewusster und stimmiger leben.
Auf der Suche sein.
Erste Erkenntnisse.
Nach der Berufung Ausschau halten.
»Vermögend« sein.
Stets bemüht um inneres Wachstum.
Bücher und Weiterbildungen im geistigen Sinn.
Menschlichkeit.

⌘ *Wohlstand für »Erwachte«*

Weisheit.
Neutrale Sichtweise.
Zufriedenheit.
Gelassenheit.
Freude.
Einssein.
Liebevoll sein.
Segensreich leben.
Angekommen leben.
Glückseligkeit.

Wenn auch Sie Lust dazu haben, in Ihr Leben
zu investieren, um es komplett neu zu gestalten,
dann können Sie das JETZT tun.

Kurt Tepperwein

IHRE WERKZEUGE
UND MÖGLICHKEITEN
ALS ERFOLGREICHE
UND ZIELSICHERE
INVESTITION

ENERGIE-MANAGEMENT BY KURT TEPPERWEIN

Jeder Mensch verfügt über geistige Schöpfungswerkzeuge, die aber großteils unerkannt und ungenutzt bleiben. Sie wirken auf die Energie, aus der alles besteht. Denn das wissen wir ja bereits: Alles ist Energie. Und Energie ist formbar.

Warum wenden wir dieses Wissen dann nicht an und nutzen es für uns?

Auch Sie sind ein informiertes Energiefeld. Energie ist Kraft in Bewegung. Die Bewegung zeigt sich in einer unterschiedlichen Schwingung, welche die Form bestimmt. In Tätigkeit gesetzte Energie bewirkt Formung – bewirkt unsere Realität.

Wir allc haben einen Energiesinn, wodurch wir Energie wahrnehmen können. Manche Energieformen wie Wärme, Klang oder Farbe sind uns vertraut. Wir können Energie aber nicht nur wahrnehmen, sondern auch steuern und somit verändern, und wenn wir das tun, verändert sich unsere Realität. So formen wir unsere Realität.

Auch unsere Nahrung hat eine bestimmte Energie und Schwingung. Durch das Segnen der Speisen vor der Nahrungsaufnahme können wir ihre Qualität entscheidend verbessern und sogar die Molekularstruktur unserer Nahrung verändern.

Aber bleiben wir einmal beim Thema »Investieren«: Erfolg, Geld und Wohlstand haben ebenfalls eine bestimmte Schwingung. Entspricht uns diese Schwingung nicht, werden wir sie auch nicht anziehen. Es bedarf also entsprechender Umstände, die eine spezifische Realität für uns in Erscheinung rufen. Durch ihre Formung.

Wenn Sie mit einer bestimmten Schwingung in Resonanz gehen, ziehen Sie entsprechende Ereignisse an. Ist die entsprechende Schwingung nicht in Ihrem Energiefeld vorhanden, verhindern Sie zuverlässig die entsprechenden Ereignisse und Umstände, die Sie sich vielleicht so sehr wünschen. Sie können sie dann nicht formen. Es geht also darum, eine Energie auszustrahlen, die das Gewünschte anzieht. Dies bedeutet, eine Resonanz zu dem Erwünschten zu entwickeln, wobei wir uns entsprechend ausrichten.

Das Bewusstseinsfeld, das wir sind, bezeichne ich auch gerne als Selbst. Das Selbst ist Ihre eigentliche Identität. Es ist Ihr wahres Ich, auch wenn wir oft den Menschen, also unseren Körper, als Ich bezeichnen.

Es stellt sich die Frage: Kann *ich* der Körper sein? Bin *ich* vergänglich? Was bin *ich* in Wirklichkeit?

Da Sie je nach Ausrichtung Ihres Energiefeldes eine bestimmte Energie anziehen oder abstoßen, sollten Sie am besten JETZT damit beginnen, sich mit keinen erfolgsverhindernden Energien mehr zu umgeben.

Ihre »geistigen Werkzeuge« für Ihr Energie-Management sind folgende:

- **Überzeugungen und Glaube**
- **Die energetische Signatur**
- **Die Ausrichtung der Aufmerksamkeit**
- **Das Geheimnis des Träumens**
- **Die Schöpferische Imagination**
- **Ein Gewinner sein**
- **Die richtigen Anweisungen geben**
- **Das Selbstbild**
- **Loslassen**
- **Richtige Gewohnheiten**
- **Gedankenkraft**
- **Positiv denken**
- **Sich neu erfinden**
- **Zielklarheit**
- **Die richtige Entscheidung**
- **Dankbarkeit**
- **Sympathisch sein**
- **Zauberstab Gedankenkraft**

Wie viele dieser geistigen Werkzeuge kennen Sie? Und wie viele davon nutzen Sie bereits? Es genügt nicht, sie zu kennen oder schon einmal irgendwo davon gehört oder gelesen zu haben. Der Verstand neigt dazu, in die »Kenn ich schon«-Falle zu tappen.

Fragen Sie sich einmal, warum Sie schon wieder damit konfrontiert werden. Sicher nicht, um es weiterhin zu ignorieren. Vielleicht ist es ein liebevoller Hinweis vom Leben, dass Sie das, was Ihnen hier schon wieder begegnet, auch anwenden, umsetzen, in Ihr Leben einfließen lassen – und so zu Ihrem hilfreichen Werkzeug machen.

Wenn Sie Durst haben, nützt Ihnen das Wissen um den Geschmack des Apfelsafts nichts. Erst wenn Sie ihn getrunken haben, wird Ihr Durst gelöscht sein. Es geht um das *Erleben* der Dinge, das Sie immer nur selbst herbeiführen können. Es geht um *Erfahrung*. Jede Erfahrung bringt Sie Ihrem Selbst ein Stück weit näher und weitet Ihr Bewusstsein. Und auch hier haben Sie wieder die Wahl: Nutzen Sie die Chance, eines oder mehrere Werkzeuge für sich zu entdecken. Vielleicht wenden Sie auch alle an, es kann *niemals* zu viel sein.

Mit der Nutzung Ihres geistigen Kapitals und der bewussten Ausrichtung Ihres Energiefeldes, Ihres »Schicksal-Auswahl-Empfängers«, bestimmen Sie bewusst oder unbewusst das, was Sie erleben – Ihre Zukunft, Ihr ganzes Leben, was immer es sei. Welche Erfahrungen Sie auch im Leben machen, es entspringt Ihrer inneren Wahl. Sie bringen die Saat aus und ernten das, was Sie gesät haben. Nie kann es anders sein.

Sind Sie beispielsweise unachtsam und säen auf Ihrem Spaziergang ein paar Samen schlechter Gedanken, verlieren ein paar Samen ungewollter Taten, können Sie die Ernte nicht einfach ignorieren oder zurückschicken.

Kein Samenkorn geht jemals verloren!

Deshalb sollten Sie achtsam sein und Ihre Worte, Gedanken, Taten und Gefühle stets beobachten. Überprüfen sie diese immer zuerst, bevor Sie sie auf die Welt loslassen oder umsetzen. Sie sagen vielleicht nicht, ich hätte JETZT gerne Kopfschmerzen oder eine Grippe, aber Sie haben doch das Korn für dieses Ereignis selbst gesät. Weil wir Taten nicht freiwillig verursachen, sie aber dennoch stets selbst hervorrufen, lohnt es sich, dem AUGENBLICK und dem LEBEN mit mehr Sorgfalt und Aufmerksamkeit zu begegnen.

Energie-Management ist der *Schlüssel zur Bestimmung Ihres Lebens*. Dieses Energie-Management besteht aus vielen Einzelteilen, die alle beachtet, gelebt und angewendet werden möchten. Es ist nicht schöpfungsgerecht, weiterhin im Mangel zu leben und die Opferrolle zu spielen. Das Opfer ist man immer freiwillig. Entscheiden Sie sich, der *Schöpfer* Ihrer Lebensumstände zu sein, nicht das *Opfer* Ihrer Lebensumstände. Entscheiden Sie sich JETZT dafür. In Ihrer Beziehung, Ihrer Tätigkeit, Ihrer Wohnsituation, Ihrer Lebenseinstellung sowie in Geld und Besitz spiegelt sich das Bewusstsein des Menschen. Schauen Sie einmal genauer hin.

Wo leben Sie im Mangel? *Was funktioniert nicht?*

Wenn Unstimmigkeiten auftauchen, überprüfen Sie, ob Sie sich eine Verbesserung auch wirklich erlauben oder nur leichthin wünschen.

- Wünschen Sie sich *wirklich* einen neuen Partner oder nur jemanden, der Ihnen Aufmerksamkeit und Liebe schenkt?
- Wünschen Sie sich *wirklich* mehr Geld oder wollen Sie einfach nur mehr Dinge kaufen, um sich zu schmücken?
- Wünschen Sie sich *wirklich* einen neuen Job, oder wollen Sie nur mehr verdienen, um sich mehr leisten zu können?

Wünschen Sie sich lieber gleich Zufriedenheit, statt sie auf Umwegen einzufordern. Sehen Sie stets dahinter, ob das Gewünschte nicht nur Mittel zum Zweck ist. Auch beim Wunsch nach mehr Geld ist es doch immer nur der Wunsch, ein Bedürfnis zu befriedigen. Stellen Sie sich vor, Sie hätten viel Geld und könnten sich damit nichts kaufen. Sie könnten damit Ihre Wohnung tapezieren, aber nur vom Ansehen würden Sie auch nicht glücklich werden. Wünschen Sie sich nie Geld, weil das kein definitiver Wunsch ist. Wünschen Sie sich gleich direkt das Ergebnis, das Sie ansteuern und haben möchten.

Durch *Schöpferische Imagination*, auf die ich später noch zurückkommen werde, können Sie Geld energetisch manifestieren, so dass es schon bald im Außen in Erscheinung tritt. Und doch scheuen die meisten Menschen davor zurück. Gerade beim Geld haben viele Beklemmungen. Sie haben ein schlechtes Gewissen, es anzunehmen, selbst wenn sie dafür eine Leistung erbracht haben. Es ist wirklich erstaunlich, dass die meisten Menschen so ein gestörtes Verhältnis zu Geld haben. Entweder sie schauen nur auf das Geld und laufen ihm hinterher, oder sie lehnen es ab und fühlen sich nicht wohl dabei, viel davon zu haben.

Ich habe das in meiner Naturheilpraxis oft erlebt. Viele Menschen werden am Ende der Behandlung unruhig und fragen: »Wie machen wir das mit dem Geld?« Ich sage: »Ganz einfach, Sie legen es hierher, und ich nehme es mir dann.« Ich habe ein ganz natürliches Verhältnis zu Geld. Ich schätze und genieße es, aber es gibt Wichtigeres und ich bewerte es nicht über. Hätte ich allerdings nicht genug Geld, um meine Rechnungen zu bezahlen, dann würde mich der Mangel ebenfalls dazu zwingen, mich ständig damit zu befassen. Sobald dies der Fall ist – und ich weiß, dass sich viele Menschen in so einer Situation befinden –, bekommt Geld eine Wichtigkeit, die ihm nicht zusteht.

Wer seine ganze Aufmerksamkeit in den Gedanken steckt, wie er zu mehr kommen könnte, der wird immer weniger haben und nie zu mehr kommen, *das ist ein Gesetz.*

Wohlstand ist doppelt erblich. Wir erben nicht nur ein Haus, Geld oder Aktien, wir erben auch unmerklich unsere Einstellung zu Wohlstand und Geld. Wenn unsere Eltern keine natürliche Einstellung zu Geld hatten, dann werden wir die wahrscheinlich ebenfalls nicht entwickeln. Und wenn wir nicht gelernt haben, mit Geld richtig umzugehen, dann haben wir oft am Ende des Geldes noch zu viel Monat übrig.

Wir verlieren auch täglich unmerklich viel Geld durch Chancen, die wir nicht nutzen, weil wir sie gar nicht erkennen. Selbst in schwierigen Zeiten ist es möglich, in der Fülle zu leben und alles zu haben, was wir zum vollen Ausdruck unseres Lebens brauchen. Das sind vor allem Zufriedenheit, Gelassenheit, Gesundheit, harmonische zwischenmenschliche Beziehungen und eine erfüllende Tätigkeit. Wohlstand ist für jeden machbar, doch man muss etwas dafür tun. Erfreulicherweise ist dies aber kein herkömmliches Tun, das mit Schweiß, körperlichem Einsatz und Anstrengung einhergeht. Es geht um das bewusste und richtige Einsetzen der geistigen Werkzeuge, die uns allen zur Verfügung stehen.

Keiner hat mehr oder weniger und niemand ist im Vorteil. Wir alle sitzen im selben Boot, und jeder von uns hat in jedem Augenblick die Möglichkeit, das Ruder in die Hand zu nehmen. Wir können uns natürlich auch treiben lassen oder gegen den Strom schwimmen – was immer wir tun, es gleicht einer

Saat, deren Ernte wir voll und ganz einbringen werden. Und für diese Ernte müssen wir die Verantwortung übernehmen, selbst wenn wir erst beim Ergebnis unserer unbewussten Handlungen Bewusstheit erlangt haben.

Schöpfungswerkzeuge, die Ihr Leben bestimmen

Energie-Management bedeutet, das Leben wirklich zu *führen*. Dazu haben Sie, wie bereits erwähnt, Werkzeuge zur Verfügung, mit denen Sie Ihr Leben in eine bestimmte Richtung steuern und es selbst in die Hand nehmen können. Es beginnt damit, Verantwortung für sein Leben zu übernehmen und nicht zu vergessen, dass ich – jeder selbst – auch mit meinen Taten und Gedanken verantwortungsvoll umgehen muss.

Es gibt keine Zufälle, das Leben meint es nicht gut oder schlecht mit Ihnen, es folgt nur Ihren Anweisungen. Ihre Anweisungen sind Ihr gesamtes Sosein, Ihre Haltung, Ausstrahlung, Ihre Taten, Gedanken, Worte und Gefühle.

Sie sind *nicht* das Opfer! Das Opfer kann immer nur der *Täter* sein, dies sollte man nicht vergessen.

Durch energetisches Management gestalten Sie nicht nur Ihre Zukunft und Ihr Leben ganz neu, Sie machen die wohl wichtigste Investition, die sie je machen können. Sie investieren in sich selbst, Ihr Wesen und Ihre wahre Identität, die ja vollumfänglich Ihr Leben bestimmt.

Ihr Bewusstsein bestimmt also Ihr Leben, und Sie bestimmen, inwieweit Sie in Ihr Bewusstsein investieren.

Beginnen Sie am besten SOFORT damit!

Wer bereits Bücher von mir gelesen hat, kennt das eine oder andere vielleicht schon. Lassen Sie sich vom Verstand nicht einschüchtern, wenn er Ihnen sagt, dass er das ja schon kennt. Es zu kennen reicht nicht aus – LEBEN SIE ES.

Wiederholungen sind sehr fruchtbar, weil sie jedes Mal tiefer in Ihr Unterbewusstsein einsinken und so zur Gewohnheit werden. Gewöhnen Sie sich an, BEWUSST zu sein. Es ist die beste Gewohnheit, die Sie sich zulegen können.

Alle diese Werkzeuge sind wunderbare Hilfsmittel, bis Sie eines Tages zu sich selbst erwacht sind und sie nicht mehr benötigen. Bis dahin aber sind sie eine gute Investition, und Sie werden sehen: Wenn Sie sie täglich anwenden und in Ihr Leben mit einbeziehen, dann wird es wundersame Veränderungen und Neuerungen geben.

Lassen Sie sich überraschen und zögern Sie nicht, sie SOFORT in die Tat umzusetzen.

- **Ihre Überzeugungen und Ihren Glauben optimieren.** Hier geht es um Ihre Verwirklichungskraft, die besonders für die innere Gewissheit sorgt. Da dies das grundlegende Fundament für Ihre Investitionen ist, habe ich das Kapitel »Der Glaube als Wohlstandsmagnet« bereits im ersten Teil dieses Buches als Ausklang eingebunden. Glauben Sie nicht, sondern leben Sie Ihren Glauben! Es geht nicht darum, an etwas zu glauben, sondern in allem den Glauben zu entdecken. Wahrer Glaube ist mehr als nur eine Überzeugung, er ist das, was in uns allen verankert ist. Glaube ist wirklichkeitsschaffende Energie – die Aussage stimmt: »Einem jeden geschieht nach seinem Glauben.« Wer nicht glauben kann, hat ein Stück Ursprünglichkeit und Kindlichkeit verloren. Lassen Sie es nicht länger zu, dass Ihnen der Verstand im Wege steht und Ihnen Ihre Wünsche verwehrt. Seien Sie unbescholten wie ein Kind und leben Sie im Augenblick. Es heißt nicht umsonst, dass der Glaube Berge versetzt, es ist tatsächlich so. Auch jede Überzeugung ist eine Investition, weil sie Energien freisetzt, die zur Verwirklichung beitragen werden.

- **Ihre energetische Signatur verfeinern.** Sie ist Ihr Sosein, Ihre »Ausstrahlung« und das, was Sie ausmacht und sind. Ihre energetische Signatur bestimmt großteils Ihr Leben. Sie sind ein permanenter Sender und strahlen ständig Energie einer ganz bestimmten Schwingung aus. Ich nenne dies die »energetische Signatur«, mit der Sie ganz bestimmte Ereignisse in Ihr Leben ziehen, aber auch Ereignisse fernhalten, die bereit wären, Ihr Leben zu verschönern. Sie können Ihre energetische Signatur jederzeit gezielt verändern. Damit rufen Sie unerwünschte Ereignisse erst gar nicht mehr hervor. Erwünschte Ereignisse werden dadurch geradezu magnetisch in Ihr Leben gezogen. Das bewusste Gestalten Ihrer energetischen Signatur gibt Ihnen die Möglichkeit, Umstände und Ereignisse aktiv zu steuern, in eine gewünschte Richtung zu lenken, um damit beabsichtigte Ergebnisse zu erzielen. Und keine Sorge: Sie können nur anziehen, was Ihnen entspricht, anders ist es nicht möglich.

- **Die Ausrichtung Ihrer Aufmerksamkeit bewusst steuern.** Worauf Sie Ihre Aufmerksamkeit richten, dorthin wird Ihre Schöpferkraft fließen. Beachten Sie deshalb, dass Sie Ihrer Aufmerksamkeit nicht mehr gestatten, länger als wenige Sekunden bei etwas zu verweilen, was Sie belastet, runterzieht oder nicht wollen. Statt sich mit scheinbaren Problemen, Schwierigkeiten und Hindernissen auseinanderzusetzen, halten Sie Ihre Aufmerksamkeit doch einfach auf Möglichkeiten, Chancen und Lösungen gerichtet. Auch etwas, was Ihnen gut tut, kann Ziel Ihrer immer wieder bewusst gerichteten Aufmerksamkeit sein, wenn sie sich erneut verirrt. Wie wäre es mit einem schönen Gedicht, einem Musikstück, das Sie berührt, oder einem Ereignis, dass in Ihnen ein Licht entzündet hat?

- **Das Geheimnis des Träumens wiederentdecken.** Den Seinen gibt's der Herr im Schlaf. Dafür sollten wir die Dinge »herbeiträumen« statt sie wie üblich »wegzuträumen«, ohne dass wir uns dessen bewusst sind. Die meisten Menschen träumen ein Leben lang vergeblich von Reichtum und Erfüllung, weil sie das Geheimnis des Träumens nicht kennen. Wer den Unterschied zwischen »Wegträumen« und »Herbeiträumen« nicht kennt, der wird auch weiterhin vergeblich auf die Erfüllung seiner Wünsche warten. Immer wenn Sie aus dem Bewusstsein des Mangels heraus von der Fülle »träumen«, »träumen Sie sich davon weg«. Sie haben noch nicht einmal richtig angefangen, und schon haben Sie alles erfolgreich verhindert. Das Wünschen und Wollen trennt Sie zuverlässig vom Gewollten, denn

Herbeiträumen ist etwas ganz anderes. Es bedeutet, die gewünschten Dinge in der Imagination geistig »in Besitz zu nehmen«, sie als bereits erfüllt zu erleben und so aus einer Möglichkeit der Zukunft eine Realität der Gegenwart zu machen. Es bedeutet, vom Ziel aus zu träumen, um das Verlangen danach zu umgehen. Es ist dann so, als wäre es bereits geschehen – und, ja, es hat sich dadurch energetisch bereits manifestiert. Jetzt braucht es nur noch Zeit, um sich auch materiell zu manifestieren und in Ihr Leben zu treten.

- **Schöpferische Imagination anwenden.** Es ist Ihre Vorstellung, die dem erwünschten Endzustand die gewünschte Form verleiht. Hier ist nicht die Rede von Wunschdenken, sondern vom »Vorerleben« einer Situation, die manifestierende Kräfte freisetzt. Schöpferische Imagination benötigen Sie, um das, was Sie sich wünschen, in Ihr Leben zu rufen. Sie ist ein ganz einfaches Instrument, das Sie dazu verwenden, ein Leben nach Ihren Vorstellungen zu kreieren. Bei der Schöpferischen Imagination geht es lediglich darum, sich etwas so vorzustellen, im Vorhinein zu fühlen und zu erleben, dass sich das Erwünschte als erlebte Realität (Ereignis, Situation, Begegnung und so weiter) manifestieren kann. Bewusste Schöpferische Imagination ist die Transformation einer Idee in die Realität. Es ist die Umwandlung von der Ebene des Geistes in die der Materie.

- **Ein Gewinner sein.** Alles ist ein Gewinn, selbst eine als unangenehm empfundene Erfahrung, aus der wir lernen können. Auch sie ist ein Geschenk an uns. Der Mensch geht nach seiner Geburt als Gewinner an den Start. Alle Enttäuschungen, die wir erleben, und Situationen, in denen wir uns als Verlierer fühlen, sind individuelle Empfindungen, die mit der Sache selbst nichts zu tun haben. Wir können ja nicht nur freudvolle Dinge gewinnen, sondern müssen auch Erfahrungen machen, die uns zeigen, wie etwas *nicht* funktioniert oder nicht *sein* soll. Wer sagt denn, dass ein guter Freund ein Gewinn ist und einer, der mich ausnützt und belügt, kein Gewinn ist? Wir gewinnen immer an Erfahrung. So wissen wir, worauf wir das nächste Mal achten sollen. Aus Gewinnen, die man ablehnt, lernt man in der Regel mehr als von denen, die einen erfreuen. Und was immer Sie tun, Sie können nicht verlieren, außer Sie empfinden es so. Machen Sie jeden Verlust, jede unangenehme Erfahrung und jede unliebsame Situation zu einem Gewinn, indem Sie etwas genauer hinsehen und erfassen, was Ihnen das Leben damit sagen will. Ein Gewinner findet bei jedem Problem die darin enthaltene Lösung. Ein Verlierer findet in jeder Lösung ein Problem. Eine wahre Lösung ist nur, wenn alle gewinnen. *Machen Sie sich das Gewinnen zur Gewohnheit, und zwar in jedem einzelnen Fall.* Gewinner gewinnen ständig, da Sie in jedem einzelnen Fall zu 100 % erfolgreich sind. Sie bestimmen mit der Wahl der richtig und bewusst gesetzten Ursache, welches Ergebnis das Leben hervorbringen wird. So soll es sein!

- **Dem Leben die richtigen Anweisungen geben als Superinvestition.** Das Leben wartet nur darauf, Anweisungen zu bekommen, um das auszuführen, was Sie sich erträumen. Worauf warten Sie noch? Sie sind der Anweiser oder die Anweiserin des Lebens. Alles, was Sie denken, macht das Leben aus – ist das Leben. Eine Anweisung ist nicht unbedingt ein Befehl oder eine Anordnung an jemanden, der etwas tun soll. Es gibt auch unbewusste Anweisungen, wie Gedanken und Taten, auch Worte, Gefühle und Widerstände. Dies alles sind Anweisungen, und was Sie ablehnen, ziehen Sie unweigerlich an. Wenn Sie etwas nicht wollen, bedeutet das ja nur, dass Sie sich nicht damit befassen möchten. Also ist dort ein Schwachpunkt. Genau dieser Schwachpunkt »muss« erfahren und durchlebt werden, bis er keiner mehr ist. Deshalb ist es wichtig zu wissen, dass alles das, was wir nicht möchten, so lange wiederkommt, bis wir ihm neutral gegenüberstehen. Eine Ablehnung ist also eine Einladung an das Leben, damit konfrontiert zu werden. So wirken unsere Gedanken als wirklichkeitsschaffende Energien. Das Leben ist nicht real, es ist nur erdacht, denn nur was wir denken können, wird uns gegenüberstehen und sich als unser Leben spiegeln.

- **Das Selbstbild optimieren.** Das Selbstbild bestimmt größtenteils unser Leben. So, wie wir uns sehen und über uns denken, wird es uns widerfahren. Was wir von uns glauben, wird wahr. Überprüfen Sie Ihr Selbstbild, wie sieht es aus? Auf die Wichtigkeit des Selbstbildes werde ich in diesem Buch immer wieder eingehen, sogar sehr eingehend, denn wer sich selbst nicht klar sieht, dem wird das Leben auch nicht mit Klarheit begegnen.

- **Endlich Loslassen.** Alles, was nicht mehr zu uns gehört, brauchen wir nicht mehr mit uns herumzutragen. Auch die Vergangenheit, Ärger, Angst, Stress, überholte Beziehungen, ja überhaupt alles, was uns nicht wirklich glücklich macht, sollte losgelassen werden. Loslassen ist nicht einfach nur ein Wort, das unbeachtet bleiben sollte. Loslassen trägt so viel in sich, dass man es kaum glauben kann. Loslassen befreit und schafft Platz für Neues. Wer zu viel irdischen und seelischen Ballast mit sich herumträgt, verhindert erfolgreich, dass sich etwas wandeln kann. Alles, was losgelassen wird, löst sich auch energetisch auf. Das heißt, es kann sich ein energetischer Zufluss einstellen und den Raum ausfüllen, der vorher blockiert war.

- **Die richtigen Gewohnheiten schaffen.** Gewöhnen Sie sich an, bewusst zu sein und allem mit Aufmerksamkeit zu begegnen. Alte Gewohnheiten, die man als schlecht bezeichnet, kann man nicht einfach so abschütteln. Wenn Sie sich aber neue Gewohnheiten zulegen, dann werden die »alten« nach und nach weichen. Wichtig ist es, sich jeden Tag ganz bewusst neu auszurichten und sich um die wirklich wichtigen Dinge zu kümmern, nämlich um Ihr Bewusstsein, das Sie sind. Sie brauchen es nicht zu suchen und können es auch nicht finden, denn Sie waren nie etwas anderes. Bewusstsein ist das Einzige, was überhaupt existiert. Es ist die Eine Realität.

- **Gedanken reduzieren.** Gedankenstille herbeizuführen ist im Grunde eine gute Sache, doch wenn Sie sich dabei anstrengen müssen, ist das eher kontraproduktiv. Gedanken zu reduzieren ist auch ein guter Ansatz, doch wird es willentlich herbeigeführt, ist das Ego daran beteiligt und wir bleiben weiterhin auf der Ebene der Dualität, den Illusionen und Täuschungen verhaftet. Wahrnehmen statt Denken! Dies beginnt damit, dass Sie Gedanken kommen und gehen lassen und nicht versuchen, welche zu verscheuchen oder »schöne« Gedanken zu erzeugen. Lassen Sie sie einfach kommen und gehen und beobachten Sie sie, ohne sich darin zu verstricken. Wer Gedanken keine weitere Aufmerksamkeit schenkt, wird bemerken, dass sie ganz von selbst vorbeiziehen. Doch wer kennt es nicht, dass einen etwas beschäftigt und belastet und man sich ständig im Nachdenken verirrt? Das ist durchaus normal. Wenn Sie sich dabei ertappen, gehen Sie einfach ganz bewusst aus diesem Gedankenfeld heraus. Schaffen Sie es nicht auf Anhieb, dann denken Sie an etwas Schönes. Ihnen fällt nichts ein? Dann denken Sie über Ihre wahre Identität, über Bewusstsein oder die Wahrheit nach und geben Sie dem Verstand nur wertvolles Futter. Beschäftigen Sie ihn nicht, ohne ihn zu kontrollieren, lassen Sie ihn nicht einfach frei laufen. Diese Unachtsamkeit hätte fatale Folgen, denn jeder Gedanke erschafft Ihre Welt. Ihre Welt ist das, was Sie denken! *Sie sind das, was Sie denken.* Lenken Sie Ihre Gedanken in gewünschte Bahnen und interessieren Sie Ihren Verstand für die tiefen Fragen des Lebens. Sie werden sehen, wenn Ihr Verstand dafür Interesse entwickelt, werden herkömmliche Gedanken, die belastend sind und einen runterziehen, mehr und mehr verblassen. Haben Sie Geduld, denn Sie haben Ihrem Verstand bisher die Position als Lebensführer eingeräumt. Diese Aufgabe kann jetzt Ihr Bewusstsein übernehmen, doch die Ablösung braucht Zeit. Schritt für Schritt wird es gelingen – und denken Sie daran, Rom ist auch nicht an einem Tag erbaut worden und es ist noch kein Meister vom Himmel gefallen. Investieren Sie in die Kontinuität, es lohnt sich.

- **Positives Denken nicht vergessen.** Alles ist ein Geschenk. Auch Probleme sind nur eine Chance zum Besseren. Gäbe es wirklich ein Problem, dann müsste es ja jeder haben. Da aber jeder seine »eigenen Probleme« hat, entstehen diese nur durch die individuelle Sicht- und Empfindungsweise. Es ist nicht schlimm, Probleme zu haben, aber es ist schlimm, darin nicht den eigentlichen Sinn zu erkennen. Schauen Sie sich die Dinge etwas genauer an, bevor Sie sich dazu entschließen, sie als ein Problem zu deklarieren. Betrachten Sie es mit dem Herzen und versuchen Sie hineinzuspüren, welche Botschaft sich darin verbirgt. Das, was wir Probleme nennen, sind in Wahrheit ja nur unsere Widerstände. Mit allem, womit wir nicht einverstanden sind, haben wir ein Problem. Was uns erfreut, bereitet uns keine Probleme. Warum ist das so? Weil wir glauben, dass das Leben immer nur harmonisch sein kann, soll und muss. Eben das ist der Irrtum. Die wertvollen Momente im Leben sind die, die wir als schwierig bezeichnen, weil wir aus ihnen lernen können und sie uns wachsen und reifen lassen. Es ist also nur eine Art Vorbereitung auf ein Leben als Bewusstsein. Werden Sie ein Lebensmeister, indem Sie in allem das Gute entdecken.

- **Erfinden Sie sich neu.** Es gilt, sich bewusst zu machen, dass man in jedem Augenblick die Wahl hat, alles in seinem Leben zu ändern, auch sich selbst. Dazu sollten Sie sich bewusst machen, wer Sie sind und welches Spiel Sie spielen. Wie soll es verlaufen, und wie soll es ausgehen? Sie können übrigens nicht nur sich, sondern Ihr ganzes Leben neu erfinden, denn Realität ist jederzeit bereit, die Form anzunehmen, die Sie sich wünschen. So leben Sie wieder als bewusster Schöpfer, als der Sie »gemeint« sind, und befinden sich damit im Ein-Klang mit sich selbst. Bevor Sie damit beginnen, sich neu zu er-finden, brauchen Sie Zielklarheit. Löschen Sie alle Ihre unerwünschten Programme, Verhaltensmuster, Überzeugungen, Prägungen und Gewohnheiten und ersetzen sie diese durch Ihr erwünschtes Sein. Dann »verankern« Sie es durch die Macht der Wiederholung.

- **Zielklarheit schaffen.** Nur wer ein klares Ziel vor Augen hat, wird es auch erreichen. Sind Sie sich Ihrer Ziele bewusst? Bevor sich etwas verwirklichen und verändern kann, braucht es eine klare Definition. Wenn Sie sich selbst nicht darüber im Klaren sind, wie soll das Leben Ihnen dann Ihre Wünsche erfüllen? Statt vieler unterschiedlicher Vorstellungen, die in Ihnen herumspuken, sollten Sie sich auf ein Ziel zentrieren, das Sie nicht mehr aus den Augen lassen. Zur Zielklarheit gehört auch, die Entscheidung zu treffen, ob Sie Ihr Ego glücklich machen wollen oder sich selbst. Warum? Weil das zwei ganz verschiedene Wege sind, die Sie unter keinen Umständen gleichzeitig gehen können. Aus welchen Eigenschaften sollen Sie als »neuer Mensch« bestehen? Nach welchen Werten sollen Sie sich verhalten? Welche Fähigkeiten entwickeln Sie oder sind Sie bereit zu entwickeln? Welche Ziele haben Priorität? Welche Ziele sind wirklich sinnvoll, zeitgemäß und wertvoll?

- **Die richtigen Entscheidungen treffen.** Wer sich dies zur Gewohnheit macht, wird als Sieger durch das Leben schreiten. *Wir allein sind dafür verantwortlich, wofür wir uns entscheiden, wir haben die Wahl! Treffen Sie stets die richtige Wahl!* Entscheidungen werden nicht mehr aus dem Verstand getroffen, Sie lassen sie durch Wahrnehmung der »energetischen Signatur« geschehen. Die richtige Entscheidung erspart Ihnen viele Enttäuschungen, Kummer und Leid. So können Sie ab sofort »stimmig« leben und im Ein-Klang mit sich und dem Leben sein. Fühlen Sie vor einer Entscheidung, wer diese Entscheidung herbeiführen will. Ist es Ihr Ego, Ihr Wille, also Ihr persönliches Ziel, oder ist es Ihr Innerstes, Ihr Bewusstsein, das etwas bewirken möchte, was zu erledigen und zu erfahren ist? Spüren Sie das »richtige« Ergebnis, bevor Sie eine Entscheidung treffen. Das ist gar nicht so schwer, wenn man sich die Zeit dafür nimmt und seine Intuition wieder aufleben lässt.

- **Dankbarkeit erleben.** Dankbarkeit für Alles-was-ist ist wirklichkeitserschaffende Energie. Aber auch Dankbarkeit für etwas, was Sie im geistigen Auge bereits vor sich sehen (Schöpferische Imagination) und sich vielleicht noch nicht materiell, aber schon geistig manifestiert hat, trägt eine Kraft in sich, die Sie unbedingt nutzen sollten. Worauf es ankommt ist, dass Sie Freude und Dankbarkeit fühlen. Erleben Sie diese Gefühle als verwirklicht, und seien Sie nicht nur als Mensch dankbar, sondern seien Sie die Dankbarkeit selbst. Ihr Ego kann dankbar sein, das ist gut. Noch besser ist es, wenn es Ihr Herz ist. Am allerbesten aber ist es, wenn Sie sich als Dankbarkeit *erfahren*, losgelöst von der persönlichen Wahrnehmung. Es ist nämlich ein Unterschied, ob Sie als Mensch dankbar sind oder Sie sich als *Bewusstsein* in der Dankbarkeit erfahren.

- **Sympathisch-Sein ist mehr als eine Eigenschaft.** Ihre Sympathie und Ausstrahlung, die Art, wie Sie auf Menschen zugehen und wie Sie Menschen erleben, ist die beste Kapitalanlage mit den höchsten Zinsen. Investieren Sie in Ihre Ausstrahlung, dann wird das Leben zurückstrahlen und Ihnen so begegnen, wie Sie ihm begegnet sind. Ihr Sympathisch-Sein wird Ihnen Türen öffnen, die Ihnen ansonsten verschlossen bleiben. Sympathisch-Sein ist keine Eigenschaft, die das gute Schicksal Ihnen in die Wiege gelegt hat. Es ist die Folge einer bewussten Wahl, die Sie jederzeit treffen können. Ihre Ausstrahlung kann verzaubern. Entscheiden Sie sich jetzt und hier, eine Ursache zu setzen, deren Wirkung Sie schon morgen erfreuen wird.

- **Den Zauberstab Gedankenkraft nutzen.** Das, was wir erleben und sehen, ist die Folge unserer Gedanken. Wir können unsere Gedanken auch bewusst so einsetzen, dass wir gewisse Erfahrungen erschaffen. *Du bist das, was du* *denkst.* Voraussetzung, um das Leben nach Ihren Wünschen gestalten zu können, ist es, Ihr »Denk-Instrument« voll und ganz zu beherrschen. Dafür sollten Sie es vollumfassend in Besitz nehmen, so dass Sie die Macht Ihrer Gedanken gezielt einsetzen können. Es gibt kein Glück, kein Pech und auch keinen Zufall. Selbst das Schicksal ist nicht etwas, was Ihnen einfach widerfährt, es ergibt sich aus Ihren Gedanken, Vorstellungen und Ihrem Sosein. Das Einzige, was wirklich existiert, sind Ursache und Wirkung. Deshalb sind Glück oder Zufall nur andere Bezeichnungen für den Begriff »Wirkung«. Alles, was Sie sich denken, vorstellen und glauben können, formt sich zu Ihrer Realität. Wer Gedanken ziellos umherirren lässt, braucht sich über ein verwirrendes Leben nicht zu wundern. Nutzen Sie Ihre Gedanken gezielt, denn unbewusst setzen Sie doch pausenlos Ursachen, derer Sie sich gar nicht bewusst sind. Seien Sie also nicht weiter überrascht, wenn Einiges drunter und drüber geht, sondern säen Sie die Saat differenzierter, bewusster, achtsamer und wohldosierter aus. Beachten Sie auch den richtigen Zeitpunkt und die Pflege der Saat, dann können Sie schon bald eine reiche Ernte einfahren.

Bewusstsein ist der Verursacher von Erfolg.
Erfolg geschieht zwar auf der materiellen,
aber er entsteht auf der feinstofflichen
und unsichtbaren Ebene.

Kurt Tepperwein

WIE SIE ZU EINER GEWINNENDEN ERFOLGS-PERSÖNLICHKEIT WERDEN

SO OPTIMIEREN SIE IHR WERKZEUG MENSCH

Erfolg hat mehrere Seiten, aber nur eine Ursache

Jeder Mensch hat Bedürfnisse, Wünsche und Ziele. Wir alle haben in dieser Welt die Absicht, ein ideales Leben zu führen und erfolgreich zu sein. Niemand unternimmt etwas mit der Absicht, keinen Erfolg zu haben.

Was aber versteht man unter Erfolg?

Hier gibt es sehr viele unterschiedliche Definitionen.

Manche suchen den Erfolg im Geldverdienen und glauben, egoistisch sein zu müssen, um ihre Ziele zu verwirklichen. Andere suchen den Erfolg auf dem geistigen Weg, versuchen bewusster durch das Leben zu gehen, und materieller Erfolg ist für sie Nebensache.

Doch trotz unzähliger Einstellungen und Lebensweisen unterscheiden sie sich nicht wirklich voneinander.

Es gibt zwei Grundausrichtungen. Die eine besteht darin, das persönliche Ich glücklich zu machen und das Leben nach individuellen Bedürfnissen auszurichten. Hier gibt es viele Unterkategorien, aber alles spielt sich im Bereich des Egos und der Persönlichkeit ab. Die zweite Ausrichtung ist die des Selbst. Der Mittelpunkt bei dieser zweiten Ausrichtung ist die Entwicklung des kosmischen Menschen. Alles Materielle sind nur Notwendigkeiten und Nebenerscheinungen, die zwar genossen und benutzt werden, jedoch eine untergeordnete Rolle spielen, weil sie nicht überbewertet werden.

Was ist Ihr Ziel? Was steht bei Ihnen im Vordergrund, Ihre unpersönlichen Anliegen oder Ihre persönlichen? Man kann nicht sagen, dass der geistige Weg besser ist als der materielle. Beides sind lediglich Erfahrungen, und eines Tages werden wir alle den geistigen Weg einschlagen. Bis dahin ist die Erde ein Schulhaus der Evolution, in dem es viel zu erlernen gibt. Richtiger wäre es zu sagen, viel zu »erinnern« gibt, weil wir ja alles Potenzial und die Vollkommenheit seit jeher in uns tragen.

Besser gesagt: Wir sind die Vollkommenheit, und dies gilt es zu entdecken.

Der materielle Weg ist diesbezüglich ein wundervolles Erfahrungsfeld, der nichts weiter als eine Spiegelung unseres Bewusstseins ist.

Es geht in Wirklichkeit gar nicht um das »entweder oder«, was wir tun oder nicht, sondern um das »sowohl als auch«. Wer beides kombiniert und fest am Boden verankert bleibt, der macht eine großartige Erfahrung, wenn er sich geistig orientiert. Aber was immer er oder sie tut und im Leben unternehmen will, es wird dafür Geld erforderlich sein.

Geld an sich ist weder schlecht noch gut, es ist neutral. Den Wert, den wir ihm zugestehen, wird es auch haben, und die Aufmerksamkeit, die wir ihm zugestehen, wird es bekommen. Somit liegt die Bedeutung des Geldes, wie alles andere, im Auge des Betrachters.

Die Dinge sind nicht so oder so, nicht gut oder schlecht. Sie sind, wie das Geld, in sich neutral. Erst unsere Sichtweise, unsere begrenzte Wahrnehmungsform von Vorstellungen und Einbildungen, machen die Dinge zu dem, was sie vermeintlich sind. Dabei sieht jeder die Dinge anders, weil er oder sie sie immer nur so sehen kann, wie sie seinem/ihrem Ermessen nach sind oder sein sollen. Seiner/ihrer Wahrnehmung und seinen/ihren Manifestationen nach. In Wahrheit können sie nie das sein, was eine Betrachtungsweise ausmacht.

Geld ist manifestierte Energie, komplett wertfrei. Doch Gedanken, Erinnerungen und Verknüpfungen machen Geld meist zu etwas Schlechtem. Denken wir nur einmal an das Geld, mit dem tödliche Waffen gekauft und gewaltige Börsenverluste eingefahren werden, die von Regierungen und Investoren in den Sand gesetzt werden. Oder an die übertriebenen Steuern oder einfach nur an eine Pleite, die jemand gerade hinter sich hat.

Man darf sich also nicht wundern, dass die meisten Menschen eine negative Assoziation mit Geld haben, dass sie ein schlechtes Ereignis damit verknüpfen. Dabei haben all diese gedanklichen Erinnerungen und Verbindungen mit dem Geld an sich eigentlich gar nichts zu tun.

Es sind unsere Erfahrungen, die uns prägen, die Erfahrungen, die wir mit uns herumtragen und die vom Verstand automatisch eingeordnet und zugeordnet werden. Die Welt oder das Geld existiert nur in unseren Vorstellungen, nicht real. Was real ist, hat Bestand, und alles auf der Welt Angesiedelte, das dem dualen Prinzip unterliegt, vergeht.

Nichts bleibt außer dem Selbst, dem Bewusstsein, das die einzig wahre Realität darstellt und ist.

Da Geld Mittel zum Zweck ist und wir es benötigen, um unseren Alltag zu bestreiten, sollten wir eine neutrale Sicht dazu einnehmen. Wir sollten es nicht überbewerten, aber auch nicht ständig sagen, dass Geld sowieso nicht glücklich macht und wir es nicht brauchen, um zu überleben. Sehen wir es doch als etwas ganz Natürliches an, indem wir ihm offen und voller Freude begegnen. Und mit Respekt. Es macht nicht zwangsläufig glücklich, aber Armut kann einen Menschen zerstören und Mangel ist einfach nicht schöpfungsgerecht.

Warum nicht Geld nutzen, um die geistige Entwicklung und den Wohlstand zu fördern? Es stimmt, dass ich nur wirklich erfolgreich sein kann, wenn ich zu Bewusstsein komme und mich nicht mehr über mein Ego identifiziere. Trotzdem stehe ich mit beiden Beinen in der Welt, lebe mein Leben und trage für meinen Lebensunterhalt die Verantwortung. Spirituell und bewusst leben heißt schließlich nicht, das Leben links liegen zu lassen und den ganzen Tag nur noch meditierend in einer Ecke zu sitzen. **Wahre Spiritualität findet mitten im Alltag statt, und man ist nicht nur nach oder vor der Arbeit ein bewusstes Wesen, sondern unablässig – während der Arbeit und des Alltags.**

Habe ich mein wahres Sein erkannt und lebe aus dieser erweiterten Bewusstseinsebene heraus, leben wir ständig den Alltag. Es ist dann ein spiritueller Alltag. Er nimmt seinen Lauf, und aus Sicht der anderen ändert sich nichts. Das Leben hat nach wie vor seine Höhen und Tiefen, aber man geht anders damit um. Man sieht die Dinge unpersönlicher und nimmt Abstand dazu. Man ist nicht gleich beleidigt, fühlt sich nicht ständig betrogen und reagiert gelassener. Durch die Gelassenheit kehrt mehr Leichtigkeit ein, und man geht anders mit der Lebenssituation um. Die kann so bleiben oder sich ändern, das spielt keine Rolle.

Wer die Situation von außen beobachtet und sich in der Hitze des Gefechts nicht mehr mittendrin erlebt, erlebt die Umstände anders. Alles ist leichter, und die Härte des Lebens konfrontiert einen nicht mehr plötzlich mit voller Wucht, man nimmt den Unstimmigkeiten sozusagen den Wind aus den Segeln und segelt sicherer und gediegener im Ozean des Lebens. Unter diesen Umständen bekommt das ganze Leben eine andere Qualität. Endlich fühlt man sich in sich selbst wirklich wohl, lebt stimmig und in Freude.

Aus dieser leichteren Frequenz ist Erfolg vielleicht nicht mehr so wichtig, weil er nicht mehr angestrebt wird, aber genau dann beginnt einem der Erfolg nachzulaufen – und plötzlich gelingt alles. Es ist also nicht die Art und Weise, es sind nicht die Handlungen, die ich vollziehe, sondern aus welchem Bewusstsein heraus ich handle. Arbeite ich noch oder wirke ich schon? Lasse ich mich von der universellen Kraft lenken und folge den unsichtbaren Wegweisern oder versuche ich verstandesorientiert zu Geld zu kommen?

Was ist überhaupt Erfolg?

- Erfolg ist, wenn Sie Ihre Probleme lösen.
- Erfolg ist, wenn sich Ihre Wünsche erfüllen.

- Erfolg ist, die volle Verantwortung für Ihr Leben zu übernehmen.
- Erfolg ist nicht von Ihrer Freude abhängig, denn es erfolgt immer etwas.
- Erfolg ist, liebevoll und segensreich zu leben und jeden zu bereichern, der Ihnen begegnet.
- Erfolg ist, wenn Sie alle Ihre Ziele sicher erreichen.
- Erfolg ist, die »natürliche Fülle« in allen Lebensbereichen zu verwirklichen.
- Erfolg ist, wenn Sie als bewusster Schöpfer leben.
- Erfolg ist, ständig Ihr »Werkzeug Mensch« zu optimieren.
- Erfolg ist, sich Zeit zu nehmen, wirklich zu leben, um eines Tages sagen zu können: »Ich habe wirklich gelebt.« Das heißt, ausnahmslos jeden Augenblick zu erfüllen und zu genießen.
- Erfolg ist, klare Ziele zu setzen.
- Erfolg ist, das Leben selbst in die Hand zu nehmen und es zu führen.
- Erfolg ist, wenn ich nach einem langen, gesunden und erfüllten Leben leicht und bewusst den Körper hinter mir lasse.

Und was verstehen Sie unter Erfolg?

⌘ Erfolg braucht …

… eine klare Entscheidung, für jede Form von Erfolg offen zu sein, damit er erfolgen kann.

… eine klare Definition, was Ihnen Erfolg überhaupt bedeutet, damit Sie Ihre persönliche Form von Erfolg verwirklichen können.

... am besten einen schriftlichen Vertrag mit sich selbst, der in jedem einzelnen Fall regelt, dass Sie das Notwendige immer sofort tun.

... die Einsicht, dass er ein natürlicher Vorgang ist, der bei Ihnen herzlich willkommen ist.

... dass Sie den erwünschten Erfolg bewusst »in Besitz nehmen«, als ob er bereits erfolgt wäre, und sich in der Schöpferischen Imagination im erwünschten Endzustand erleben; was Sie so »in Besitz« genommen haben, kann Ihnen das Leben nicht mehr verwehren, weil es auf der Kausalebene bereits »geschehen« ist.

... Freude und Dankbarkeit; Erfolg ohne Freude ist kein wirklicher Erfolg, und erst die Dankbarkeit zeigt, dass Sie verinnerlicht haben, was »energetisch« bereits »geschehen ist«, auch wenn die Manifestation auf der sichtbaren Ebene erst folgen wird (... dankbar kann ich nur für das sein, was ich bereits habe).

... beharrliche Konsequenzen; das heißt, sich täglich bewusst zu machen, was heute für den Erfolg zu tun ist, und das konsequent und mit Freude zu verwirklichen.

Die »ERFOLGS-SPIRALE«

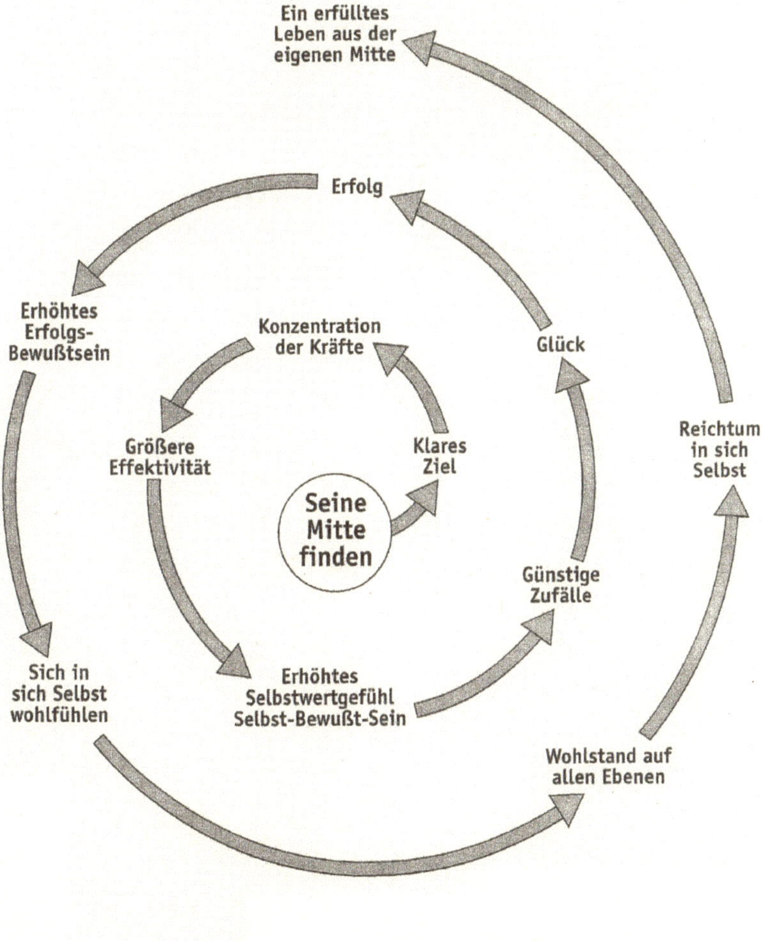

EIN SCHRITT, DER DIE WELT VERÄNDERT

Schon als junger Mann faszinierten mich die Erfolgreichen dieser Welt, und ich bemühte mich, dem Geheimnis ihres Erfolges auf die Spur zu kommen. Meine erste Entdeckung war, dass die Erfolgreichen keineswegs weniger Misserfolge hatten als die weniger Erfolgreichen, es war eher das Gegenteil der Fall. Der wichtigste Unterschied bestand darin, dass die wirklich Erfolgreichen niemals aufgaben. Der Erfolglose scheitert beim ersten Misserfolg, die Erfolgreichen betrachten einen Misserfolg offensichtlich nur als ein Zwischenergebnis, der auf dem Weg zum eigentlichen Erfolg keineswegs hinderlich, sondern selbstverständlich ist. Der Misserfolg scheint sie eher zu beflügeln, eine Art Ansporn zu sein, um ihre Anstrengungen noch zu erhöhen. Oft stellt sich der Erfolg erst nach einer ganzen Serie von Misserfolgen ein, aber statt sich entmutigen zu lassen, lernen die wirklich Erfolgreichen aus ihren Misserfolgen, um es das nächste Mal besser zu machen. **Eine einmal angefangene Sache ist eben erst abgeschlossen, wenn sie erfolgreich beendet wurde.**

Schon immer habe ich mich dafür interessiert, wie die Großen der Menschheit diese oft gewaltigen Veränderungen bewirkt haben. Was haben Jesus, Ghandi oder Mutter

Theresa gemeinsam? Zunächst einmal waren sie am Anfang alle völlig unbekannt. Jesus war der Sohn eines einfachen Zimmermannes. Ghandi war ein kleiner Verwaltungsbeamter, der von den Engländern aus dem Zug geworfen wurde, weil er Inder war. Mutter Theresa war eine einfache Nonne. Sie alle hatten aber etwas gemeinsam, sie lebten eine Vision und folgten den Weisungen Ihres Herzens. Ihre innere Wirklichkeit stimmte mit der äußeren Realität rein gar nicht überein, wohl aber mit dem Wahren Sein des Menschen. Sie ließen diese innere Wirklichkeit einfach so in Erscheinung treten, weil sie identisch damit waren und ihren inneren Weg beharrlich beschritten. Sie erinnerten dadurch auch andere an die Wahrheit und Wirklichkeit, die in jedem schlummert und darauf wartet, geweckt zu werden. Das war es, was ihre Vision so überzeugend und letztlich mächtig machte, dass durch ihre Authentizität immer mehr Menschen zu ihrem wahren Selbst erwachten. Sie brauchten die anderen nicht zu überzeugen, dass das, was sie taten, richtig war, sondern es ihnen nur vorzuleben. Es ist und war eine Erinnerung der eigenen Wirklichkeit in den Herzen der Welt, und jede einzelne Entwicklung war letztlich nicht mehr aufzuhalten.

Alle großen Pioniere und Visionäre hatten einen klaren Blick dafür, wie die Dinge zu sein hatten, und ließen sich von nichts und niemandem irritieren, während sie ihren Weg beschritten. Sie waren ausnahmslos echt, ehrlich und vor allem authentisch. Aus dieser Authentizität bezogen sie ihre Legitimität. Sie zögerten keinen AUGENBLICK, das Notwendige zu tun. Sie vollzogen dies ohne Rücksicht auf den äußeren Widerstand und setzten auch oft ihre Freiheit und sogar ihr Leben aufs Spiel. Das heißt, sie nahmen sich selbst nicht so wichtig, und ihr Ego schien wirklich sehr, sehr klein oder gar nicht mehr vorhanden zu sein. Sie alle waren bereit, ihr Dasein für diese innere Wirklichkeit zu geben, und in vielen Fällen hat das Leben diesen höchsten Einsatz auch verlangt.

Je kleiner das Ego, umso mehr setzen sich Menschen für andere ein. Das ist ein Fakt. Wären Sie bereit, Ihre Bedürfnisse hintenan zu stellen, damit es anderen besser geht?

Ich glaube, dass in jedem Menschen dieser Pioniergeist schlummert. Die ganz Großen, wie man sie nennt, waren keine besonderen oder einzigartigen Menschen, sie waren auch nicht besser als wir. Sie waren einfach der *Wirklichkeit* näher, der grundlosen Realität, dem wahren Sein, und bewusster, offener und liebevoller.

Auch wir können Großes leisten und haben die gleichen Voraussetzungen. Die Frage ist, ob es unser Lebensplan ist, diesen Weg zu gehen, oder ob wir einer anderen Aufgabe nachkommen sollten. Der Weg des geistigen Erwachens ist für jeden erstrebenswert und wohl das einzige sinnvolle und erfüllende Ziel auf Erden. Aber nicht jeder ist dazu bestimmt, ein ganzes Volk zu erwecken, es reicht ganz und gar, bei uns selbst anzufangen, denn wer zu sich selbst erwacht, zieht automatisch unzählige Seelen mit sich.

Und allein aus diesem Grund sollten wir uns für diesen Weg der Öffnung entschließen und das Weltliche nicht ganz so wichtig nehmen. Es ist da und kann genutzt werden, aber es sollte nicht an erster Stelle stehen. Tun wir einfach so, als ob die Welt nicht da wäre.

Unser Sosein stellt uns die Frage: »Bist du, lieber Mensch, bereit, die Wahrheit zu erkennen und die Konsequenzen zu ziehen?« Und nun fragen Sie sich selbst: »Bin ich bereit?« Halten Sie kurz inne und spüren Sie in sich hinein. Kommt ein eindeutiges Ja, zögern Sie noch oder vernehmen Sie nichts? Hören Sie nichts, dann legen Sie das Buch zur Seite und wiederholen Sie die Frage mehrmals, bis Sie zu einem Ergebnis kommen. Wenn Sie zögern, horchen Sie noch ein wenig hin und lauschen Sie der Stimme Ihres Herzens. Wenn ein Ja kommt, dann brauchen Sie auf nichts mehr zu warten, sondern beginnen JETZT damit, dieses eigentliche Leben, Ihr wahres Sein, in diesem AUGENBLICK zu leben.

Treten Sie als wahrer Mensch in Ihr eigentliches Leben hinaus und beginnen Sie so zu sein, wie Sie von der Schöpfung gemeint sind. Alles hängt davon ab, ob Sie den ersten Schritt tun. Der erste Schritt ist keine Tat und keine Handlung, es ist nur die innere Bereitschaft, diesen Weg zu gehen. Spüren Sie die Sehnsucht nach mehr? Fühlen Sie den Ruf, der Ihnen vermittelt, nach mehr zu streben? Vernehmen Sie die Sprache des Herzens, die Ihnen Traurigkeit entsendet, damit Sie sich dem tieferen Sinn des Lebens widmen? Erst mit diesem ersten Schritt, der nur in Ihnen stattfindet und keine äußere Bewegung abverlangt, werden alle weiteren Schritte folgen. Letztlich ist dieser eine Schritt unausweichlich und jeder kann diese Wahrheit in sich spüren. Worauf warten wir also noch? Lassen wir unser wahres Sein, unser Bewusstsein in Erscheinung treten, indem wir den ersten inneren Schritt tun.

Die primäre Aufgabe des Verstandes liegt weder in der Vernunft noch in der Selbsterkenntnis, sondern in der Anpassung an die Umwelt. Und dies hat zum Ziel, »Nahrung zu beschaffen«, Verantwortung für sein Leben und Tun zu übernehmen, Sicherheit zu finden und sich fortzupflanzen. Das ist uns in einer feindlichen Umgebung über die Jahrtausende hinweg erstaunlich gut gelungen. Für Vernunft war bisher keine Zeit.

Wir sind optimal angepasst an eine Welt, die es so längst nicht mehr gibt. Die frühen mentalen Programme sind dafür entwickelt geworden, schnell handeln, also überleben zu können. Aber das Grundprogramm »Draufhauen und weglaufen« ist längst überholt und hat in der heutigen Welt seine Bedeutung verloren. Wir leben in einer Welt, in der alles viel feiner geworden ist. Auch die Zeit vergeht schneller, das bilden wir uns nicht ein. Durch die Frequenzerhebung hat sich Einiges verändert, und das Harte im Menschen, die Ellbogentechnik, das Wollen und Erzwingen verliert an Kraft und Bedeutung.

Der Mensch wird dazu »gezwungen«, ursprünglicher zu sein, und dies bedeutet, mit der Kraft des Herzens zu leben. Die Welt wird immer noch von egobezogenen Machtherrschaften gelenkt, und das kann auf Dauer nicht funktionieren. Aus diesem Grund bricht das ganze System auch langsam aber sicher in sich zusammen. Das ist nicht schlimm, und man braucht auch keine Angst zu haben. Es ist ein ganz natürlicher Prozess, der das Harte aufweichen lässt, damit sich das Liebevolle im Menschen durchsetzen kann.

DIE WELT – SPIEGELBILD UNSERER GEDANKEN

Wir haben drei grundverschiedene Gehirne mit jeweils einem ganz anderen Ich, die eher selten kooperieren. Unsere »Software« passt nicht in die heutige Zeit und braucht dringend ein »Update«. Warum handeln wir nicht immer, wie wir es gern hätten? Weil wir aufgrund von Erinnerungen, Vergleichen und Programmen reagieren, die tief in uns verankert sind.

Jeder Mensch handelt nach seinen Konditionierungen, und jeder handelt anders, weil wir alle unterschiedlichen Prägungen unterliegen. Nehmen wir an, Sie sehen ein verletztes Tier am Wegesrand stehen. Der eine ruft beim Tierschutz an, der andere kümmert sich sofort darum und streichelt es, ein weiterer hat Angst, will zwar helfen, geht aber schnellen Schrittes weiter. Den anderen kümmert dies nicht, und noch einer hat den ganzen Tag über ein schlechtes Gefühl und bekommt diese Gedanken nicht mehr aus seinem Kopf.

Wir reagieren ja nicht absichtlich »auf etwas« oder »auf etwas nicht«, da unser Gehirn sofort Vergleiche anstellt und Bilder, Gedanken und Gefühle hochkommen lässt, die mit einer ähnlichen Situation verknüpft sind. Mit dieser Situation selbst hat das nicht das Geringste zu tun, weil wir kaum unbescholten und von Meinungen befreit auf etwas zugehen können. Was wichtig ist, ist zu erkennen, dass das Auge zwar ein verletztes Tier sieht und das Gehirn auch sofort reagiert, dass diese Bilder aber nur über unser Bewusstsein erzeugt werden und da nicht wirklich etwas ist, was außerhalb von uns existieren kann. Das, was wir sehen, ist das, was wir sind, und es spiegelt nur unsere Gedanken wieder.

Das Grauen im Außen ist unser inneres Grauen. Der Nebel im Außen ist unsere eigene Vernebelung, die für unsere Begrenzung steht. Das eingesperrte Tier ist nur unsere eigene Unfreiheit und spiegelt unser irdisches Gefängnis wieder. Und dieses Gefängnis existiert auch nur in unserer Vorstellung, denn unser inneres Wesen ist absolut frei. Wir brauchen nur zu erkennen, dass wir dieses innere Wesen und nicht der Mensch sind, für den wir uns irrtümlich hielten. Wenn alles nur als eine Spiegelung im Bewusstsein existiert, was spielt es für eine Rolle, was ich »Ich« nenne? Existiert es? Und wenn nicht, was bin ich wirklich?

Unser »Ich« ist nur eines von Vielem, was zusammen unser »Wir« bildet. Jedes »Ich« denkt, fühlt und handelt für sich, ohne sich mit den anderen abzustimmen. Und jedes »Ich« zieht aus dem Erlebten andere Konsequenzen. Das »Ich« erlebt sich als Realität, obwohl nur das Selbst existiert und der Beobachter der Dinge ist. Was auch immer sich dieses »Ich« einbildet, es ist nicht die eine Realität, sondern nur die individuell erlebte, die bei jedem anders ist. Deshalb erfahren wir alle diese Welt anders. Jeder sieht die Dinge so, wie er sie in seinem Bewusstsein entsprechend wahrnehmen kann. Der andere, der nicht meiner Meinung ist, kann gar nie derselben Meinung sein, weil er die Sache aus einer ganz anderen Perspektive betrachtet.

Jemand, der von einem Hund gebissen wurde, kann den Hund, den ich so süß finde, nicht auch so sehen. Dies sollten wir endlich erkennen, um den anderen besser zu verstehen und zu akzeptieren, dass es Milliarden verschiedener Meinungen geben darf – weil sie sowieso nichts anderes sind als individuelle Betrachtungsweisen, die mit der Sache selbst nicht das Geringste zu tun haben.

Wenn unser Handeln also nicht mit unserer Absicht übereinstimmt, sollten wir uns fragen: »Wessen Handeln stimmt mit wessen Absicht nicht überein?« Machen Sie sich einmal bewusst, wer Sie in diesem AUGENBLICK sind. Aus unserer Vergangenheit haben wir vier Grundprogramme wie Essen, Kampf, Flucht und Sex mitgebracht. Aber die Aufgaben, die sich uns tagtäglich stellen, lassen sich mit keinem dieser vier Programme bewältigen, während sie in der Vorzeit unser Überleben gesichert haben. Es klingt logisch, dass keines dieser vier Grundprogramme wirklich helfen kann, doch wenn wir ehrlich sind, versucht die Mehrheit der Menschheit immer noch so zu reagieren, wenn auch meist unbewusst. Es ist faszinierend herauszufinden, welches Programm gerade im Einsatz ist, welches »Ich« gerade die Steuerung übernommen hat und somit unsere Handlungen bestimmt.

Vielleicht sind Sie darüber gar nicht glücklich und sogar entsetzt, welches »Ich« Sie gerade steuert und lenkt. Was glauben Sie, wie oft Sie sich tagsüber bewusst sind, dass Sie gerade von realitätsfremden Programmen gelebt werden? Wie oft merken Sie, dass Sie wieder in ein altes Konzept hineingeschlittert sind? Und wichtig wäre auch zu wissen, wie häufig Ihnen bewusst ist, dass Sie nur in Ihrer künstlich erschaffenen

Gedankenwelt herumspazieren, anstatt im AUGENBLICK zu sein? Es ist an der Zeit über solche Fragen nachzudenken, statt einen Urlaub zu planen, den Sie eventuell gar nicht mehr erleben könnten, um das mal so hart auszudrücken. Sind Sie im Moment zufrieden? Was hindert Sie wirklich daran, öfter und länger »bewusst« und achtsam durch das Leben zu gehen? Ändert sich durch diese Fragen etwas, oder ist es nur eine Frage, die Sie ignorieren werden?

Seien Sie sich bewusst, dass jeder vermiedene Kampf ein gewonnener Kampf ist. Immer wieder wird es zu Konflikten zwischen den damals hilfreichen Verhaltensweisen unserer Vorfahren und der heutigen Welt kommen. Noch mehr Informationen zu sammeln, kritischer oder logischer an die Sache heranzugehen, wird nicht wirklich hilfreich sein, weil es das Problem nicht lösen kann.

Erstens gibt es kein Problem.
Das Ego mag eines haben, aber nicht Sie als Ihr Bewusstsein.

Ihr »Ich« hat also ein Problem ...
Sie sind aber nicht dieses Ich.
Und jetzt?

Sie wissen also nicht, was Sie sind (vielleicht wissen Sie es schon, haben es aber noch nicht verinnerlicht und sich noch nicht als Selbst erfahren).
Sie wissen auch nicht, was ein Problem ist.
Sie wissen auch nicht, wie es entsteht und wo es herkommt.

Wie also wollen Sie es lösen?

Wenn das Ich, die Persönlichkeit, nur eine Spiegelung im Bewusstsein, also eine Projektion unserer Gedanken ist, dann ist das Problem auch eine Spiegelung. Noch besser gesagt, eine künstlich erzeugte Spiegelung einer Spiegelung. Wie will eine Spiegelung eine Spiegelung lösen?

Haben Sie sich darüber schon einmal Gedanken gemacht?

Nur aus der Realitätsebene heraus kann sich das alles auflösen. Dort gibt es aber keine Probleme, Lösungen, Fragen und Antworten, und deshalb kann man aus der Realität durchschauen, dass das Problem, das Ich und die Welt nicht das ist, wofür man sie bisher gehalten hat.

Aber zurück zum Hirn. Was wir brauchen, ist eine Anpassung an die Erfordernisse der heutigen Zeit. Wir haben wie bereits erwähnt drei Gehirne, die alle nur unser Bestes wollen – aber jedes auf seine eigene Art und Weise.

Aus diesem Grunde sind Kollisionen nicht zu vermeiden. Auf der anderen Seite hat unser Gehirn ein Potenzial, das mehr als dem Tausendfachen seiner Beanspruchung entspricht. Wozu also diese Überkapazität? Wie ist sie entstanden und wodurch? Irgendwann haben wir in unserer Entwicklung einen geistigen Sprung gemacht, aber was hat ihn ausgelöst? Kann diese Entwicklung purer Zufall gewesen sein?

Emotionale Reaktionen benutzen ein anderes Netzwerk als bewusste und durchdachte Reaktionen, deshalb können sie auch entgegengesetzt zu unseren rationalen Verhaltensweisen stehen, und das tun sie dann auch. Da emotionale Signale ein separates System von Nervenbahnen benutzen, entziehen sie sich einer bewussten Kontrolle. Das führt mitunter dazu, dass wir etwas tun, was wir gar nicht wollen. Es ist so, als ob uns etwas fernsteuern würde und wir diesen Impulsen nachgeben.

Emotionen gehören wie das Denken zum Standardprogramm menschlichen Verhaltens. Alle Menschen, von den Ureinwohnern Australiens bis hin zum Professor an der Oxford-Universität, zeigen ihre Emotionen auf die gleiche Weise und betätigen dabei die gleichen Gesichtsmuskeln. So werden Emotionen zu einer universellen Sprache des Menschen. Und sie werden von allen anderen auch richtig verstanden. Indem Sie die entsprechenden Muskeln bewegen, können Sie ganz bewusst bestimmte emotionale Botschaften aussenden, und es gibt niemanden, der nicht darauf reagiert. Sogar Sie selbst können dieser Reaktion weder ausweichen, noch können Sie ihr entgehen.

Warum das so ist? Nun, diese Reaktionen passieren keine rationale Kontrolle, sie überkommen uns plötzlich und sind einfach da. Schon kleine Kinder reagieren dementsprechend, was darauf schließen lässt, dass wir mit diesen Reaktionsmustern bereits geboren wurden und sie in den menschlichen Genen verankert sind.

Fundamentale Verhinderungs-Programme erkennen und beseitigen

Es gibt Vieles, was wir automatisch tun und ganz anders erfassen als spontan und direkt. Wenn wir zum Beispiel ein Buch lesen, lesen wir nicht mehr einzelne Buchstaben, sondern ganze Worte, das heißt, wir fassen ganz automatisch einzelne Signale zu einer Botschaft zusammen. Jeder Mensch hat fundamentale Programme, um seine Erfahrungen zu ordnen und bestimmte Verhaltensweisen zu erzeugen:

- Das erste fundamentale Programm eines Menschen betrifft seine geistigen Werte, das, was er für gut oder für schlecht hält.
- Das zweite fundamentale Programm bestimmt, ob er sich auf etwas zu bewegt oder von etwas Abstand nimmt – ob er etwas Bestimmtes mit seinem Tun erreichen oder vermeiden will.
- Das dritte fundamentale Programm bestimmt, ob sein Verhalten von außen oder von innen bestimmt wird – ob er Anerkennung und Bestätigung von außen braucht oder ob diese Zustimmung von innen kommt *(ob ihm*

etwa Lob, Gehaltserhöhung, Zuneigung oder Auszeichnungen wichtig sind oder ihm das Gefühl reicht, dass es »stimmt«).

- Das vierte fundamentale Programm bestimmt, ob er Möglichkeiten nutzt und Ziele anstrebt oder aus der gegebenen Notwendigkeit heraus handelt.
- Das fünfte fundamentale Programm bestimmt, ob jemand lieber allein oder im Team arbeitet.
- Das sechste fundamentale Programm bestimmt, ob jemand lieber zuhört oder lieber redet *(ob er etwa lieber empfängt oder gibt, ob er erwartet, dass ihm das Leben etwas gibt oder dass er es sich selbst schafft, ob er Opfer ist oder Schöpfer, indem er Gesundheits-, Erfolgs-, Beziehungs-, Geld-Blockaden und so weiter erkennt und beseitigt).*

Um eben erwähnte Blockaden in Bezug auf Geld, Erfolg, Beziehungen und so weiter zu erkennen und zu beseitigen, beantworten Sie die folgenden Fragen. Versuchen Sie das spontan und ehrlich zu tun. Zögern Sie nicht und antworten Sie am besten intuitiv.

Mein individueller Bestandsplan

1. **Wie steht es um meine Aufrichtigkeit?** Will ich wirklich etwas ändern oder möchte ich bloß?

   ____

   ____

2. **Stehe ich zu mir? Wie sieht es mit meinem Selbstbild aus?** Darf ich das? Erlaube ich es mir? Kann ich es annehmen?

3. **Wie steht es mit meinem Glauben?** Glaube ich daran? Habe ich womöglich Zweifel? Kann ich es mir vorstellen und glaube ich, dass ich es schaffe? *Wer denkt und glaubt, dass er kann, der kann auch!*

4. **Wie steht es um meine innere Bereitschaft?** Bin ich bereit, offen und fähig dazu? Oder hätte ich es bloß gern? Bin ich nur im Gedanken offen? Wehrt sich vielleicht eine innere Stimme dagegen?

5. **Wie ist mein Bezug zu Geld und zur Fülle allgemein?** Kann ich damit umgehen? Gebe ich mehr aus als ich zur Verfügung habe?

6. **Wie ist meine Einstellung zu Geld?** Ist es für mich notwendig, gut oder schlecht? Befinde ich mich in einer anziehenden oder abstoßenden Energie? (Das heißt: Wie ist mein Resonanzfeld – ziehe ich es an oder schiebe ich es von mir weg, ohne es zu bemerken?) *Lebe ich im Mangelbewusstsein?!*

7. **Welche Erfahrungen verbinde ich mit Geld?** Erfolg? Beziehung? Welche Konsequenzen habe ich daraus gezogen? Entsprechen diese noch meinem heutigen Bewusstsein oder sind sie längst veraltet? Wie sollten sie optimal sein?

____

____

____

____

____

____

____

Vielleicht haben Sie jetzt einen kleinen Einblick in Ihre Verhaltensmuster, Glaubenssätze und Programme bekommen, der Ihnen bestätigt, dass Ihre momentane Situation gar nicht anders sein kann.

- Wie wollen Sie aus dem Mangelbewusstsein heraus Geld anziehen?
- Wie wollen Sie mehr haben, wenn Sie sich selbst nicht wert fühlen?
- Wie sollen Sie über mehr verfügen, wenn Sie sich nichts zutrauen?
- Wie soll Geld den Weg zu Ihnen finden, wenn Sie der Meinung sind, dass Sie zum Leben nur das Notwendigste brauchen?
- Wie sollen sich Ihre Finanzen bessern, wenn Sie zwar gerne mehr Geld haben wollen, aber nicht wirklich etwas ändern wollen?

- Wie soll Geld in Ihr Leben treten, wenn Sie keinen Raum dafür schaffen und nicht loslassen können?
- Wie sollten sich Ihre Finanzen bessern können, wenn Sie ständig daran denken, dass Sie sowieso nichts haben?

Vertrauen Sie auf sich, fassen Sie Mut und entwickeln Sie mehr Stärke. Ein starker Selbstwert wirkt sich auch auf andere Werte positiv aus. Je besser Ihr Selbstbild ist, umso besser die Lebensumstände.

Es gibt durchaus Lebenssituationen, in denen das Selbstwertgefühl im Keller ist und man allen Grund zum Hadern und Zweifeln hat. Aber denken Sie daran, es geht weiter und es kann nicht schlimmer kommen, als es bereits ist.

Alles im Leben geht vorüber, das sollte Ihnen ein Trost sein. Schauen Sie nicht zurück und schwelgen Sie nicht in dem, was kommen »könnte«, oder befürchten gar, was alles noch schief laufen kann. Verweilen Sie im Moment und schöpfen Sie Kraft aus dem AUGENBLICK, und Sie werden sehen, dass es sich lohnen wird.

Das Heute ist weder das Gestern noch das Morgen.

Aus diesem Grunde: Stellen Sie sich dem JETZT, weil es kein anderes gibt.

DER GROSSE ERFOLGSVERHINDERER: DAS FALSCHE BEWUSSTSEIN

Das Bewusstsein ist der Verursacher von Erfolg. Es bildet das Fundament, auf dem Erfolg sich entwickeln und aufbauen kann. Erfolg geschieht zwar auf der materiellen, aber er entsteht auf der feinstofflichen und unsichtbaren Ebene. Das heißt, dass Erfolg niemals aus der Persönlichkeit heraus erschaffen werden kann. Es sieht zwar so aus, als ob ich es geschafft hätte, wenn mir ein Geschäftsabschluss gelingt, aber bevor ich etwas getan habe, ist es bereits auf der geistigen Ebene vorhanden und dort »gezündet« worden.

Beginnt sich etwas zu verwirklichen oder gelingt etwas, dann sind folgende Punkte zu beachten, die zwar nicht grundlegend sind, aber in der Entwicklung eine Rolle spielen:

- *Die fehlende KONSEQUENZ*

Durchhaltevermögen und Beharrlichkeit sind die Schlüssel zum Erfolg. Aber es beginnt schon mit der Unentschlossenheit, überhaupt etwas zum richtigen Zeitpunkt und vor allem »wo und wie« zu beginnen. Auch hier zählt der alles entscheidende erste Schritt. Wenn der zu spät oder nicht erfolgt, ist Erfolg nicht möglich. Auch konsequenter zu sein, wenn es darum geht seiner inneren Stimme zu folgen, ist Teil des Erfolges.

- *Die fehlende KONZENTRATION*

Sie können immer nur eine Sache wirklich gut tun, also verlieren Sie sich nicht in mehreren Dingen gleichzeitig. So nach dem Motto: Irgendetwas davon wird schon klappen. Richten Sie Ihre ganze Aufmerksamkeit auf Ihre Bestimmung und nicht auf hundert Möglichkeiten. Dies führt gewiss nicht zum Erfolg.

- *Die mangelnde KONTROLLE*

Sie sollten täglich Ihren Erfolg kontrollieren und am Abend Bilanz ziehen, welche Schritte zum erwünschten Erfolg geführt haben und welche nicht. Warum nicht? Was ist zu tun? Was ist der nächste Schritt, der mich siegessicher zum Erfolg führt? Jeweilige Selbst-Kontrollen führen zu Erfolgserlebnissen, weil sie übersichtlich sind und Sie die Entwicklung dadurch in kleinen Schritten nachvollziehen können. Ein Misserfolg von heute kann so ein Erfolg von Morgen werden.

Wenn in Ihrem Leben etwas nicht stimmt und aus Ihrer Sicht etwas schief läuft, dann ist das eine Botschaft, ein liebevoller Hinweis, eine freundliche Einladung oder auch eine Aufforderung, etwas zu verändern. Folgen Sie dieser Aufforderung nicht, wird das Leben etwas ändern, und es könnte sein, dass Ihnen das überhaupt nicht gefallen wird.

Deshalb: Nehmen Sie Ihr Leben in die Hand, bevor das Leben mit weiteren Botschaften aufwartet, die in der Regel immer unangenehmer werden.

Wenn sich der Esel nicht vorwärtsbewegt, versucht man es vielleicht zunächst mit gutem Zureden. Hilft das nichts, dann schubst man ihn. Wenn auch dies nicht fruchtet, gibt man ihm möglicherweise einen Klaps auf den Hintern. Was weiter folgen könnte, will ich hier nicht ausführen.

Ich will Ihnen nur sagen, dass es das Leben niemals schlecht mit Ihnen meint und Sie auch nicht ärgern oder bestrafen will. Wenn Sie aber nicht hinhören, weil Sie die Sprache des Lebens nicht verstehen und die Botschaften nicht deuten können, könnten Sie glauben, dass dem so sei.

Sich Schritt für Schritt des Erfolges bewusst werden:

Alles gehorcht den ewigen Gesetzen des Lebens. Wenn Sie die richtigen Ursachen setzen, wird das Leben die entsprechenden Wirkungen hervorbringen. Viele Menschen haben sich angewöhnt, einen Grund zu brauchen, um gut gelaunt zu sein. Wenn das Leben nach Ihrer Pfeife tanzt, Sie jemanden kennenlernen, etwas gewinnen oder ein Kompliment bekommen, sind Sie gut gelaunt. Wenn Sie zur Arbeit gehen oder nichts passiert, sind Sie schlecht gelaunt. Zur Arbeit geht man täglich, alles andere passiert sporadisch, also sind Sie bei diesem Programm fast immer schlecht gelaunt.

In Wirklichkeit ist meine Laune völlig unabhängig von den Umständen. Ich stehe jeden Morgen vor der Wahl, mit welcher Laune ich durch den Tag gehen will, und raten Sie einmal, wie ich mich jeden Morgen entscheide. Ich gehe gut gelaunt durch den Tag und lasse mir meine gute Laune auch von irgendwelchen unangenehmen Umständen nicht nehmen.

Es ist also Ihre Entscheidung, mit welcher Ausstrahlung Sie durch den Tag gehen, und ausstrahlen können Sie viel, selbst wenn die Lebensumstände nicht gerade berauschend sind. Tief in Ihnen schlummert Ihr wahres Wesen, und das ist dermaßen vollkommen, dass es nur darauf wartet, in Erscheinung zu treten.

Tauchen Sie unter Ihren Missmut ein und entdecken Sie dort Ihre eigentliche Identität. Wenn diese nach außen erstrahlt, wird das Leben zurückstrahlen, dessen können Sie gewiss sein. Ihre Ausstrahlung bestimmt den größten Teil Ihres Lebens, Ihre Gesundheit, Ihre Beliebtheit bei den anderen, Ihren Erfolg, den Sie haben, und Ihren Wohlstand. Sie können Ihre Ausstrahlung bewusst bestimmen ... Jedenfalls könnten Sie es jederzeit tun. Warum nicht gleich damit beginnen?

Oft halsen wir uns zu viel auf und sind komplett überfordert. Wir muten uns zu viel zu, setzen uns selbst unter Druck, und das schlägt schon mal aufs Gemüt. Deshalb: Starten Sie langsam, beginnen Sie stets mit dem Leichtesten, dann wird es Ihnen auch gelingen. Wie sagt man so schön: »step by step«. In kleinen Schritten werden Sie ziemlich sicher ein Erfolgserlebnis haben. Dann wird es Ihnen auch nicht so schwer fallen durchzuhalten, denn jeder Erfolg wird Sie stärken, Ihnen Vertrauen und Zuversicht schenken und zur Gewohnheit werden. Haben Sie sich erst einmal an Ihre kleinen Erfolge gewöhnt, werden Sie nicht mehr darauf verzichten wollen und noch zielstrebiger sein.

Auf viele kleine Erfolge FOLGEN IMMER große Erfolge. Was folgt ist stets ein Erfolg, egal wie er auch aussehen mag. Haben Sie die erste Hürde erfolgreich gemeistert, dann fahren Sie wieder mit dem »leichtesten Schritt« fort, der sich als Nächstes anbietet.

Teilen Sie große Aufgaben in mehrere kleine Schritte auf. Das, was Ihnen am einfachsten erscheint, kann JETZT er-folgen, weil es die Folge des letzten Schrittes ist und unweigerlich dort anknüpfen wird.

Das Leben gehorcht ewigen Gesetzen, und jeder, der diese Gesetze kennt und befolgt, kann vom Leben alles haben, was er bereit ist zu verursachen. Auch der Erfolg gehorcht diesen ewigen Gesetzen, denn wie die Weisheit der Sprache schon sagt, ist Erfolg das, was er-folgt. Damit Erfolg aber erfolgen kann, muss etwas vorausgehen, und das, was erfolgt, kann nur dem Vorausgehenden entsprechen und folgen.

Sie können Ihren Erfolg absolut unvermeidbar machen, wenn die Ursache stimmt. Denn wenn das, was vorausgeht, stimmt, wird auch das, was folgt, stimmen. Auf diese Weise können Sie so viel Erfolg in Ihrem Leben verwirklichen, wie Sie bereit sind zu verursachen.

Das gilt auch für den Wohlstand. Das Grundprinzip der Schöpfung ist Fülle. Alles ist im Überfluss vorhanden. Es kann sich aber in Ihrem Leben nur in dem Maße manifestieren, wie Sie die Not-wendigen Schritte tun. Und so haben wir uns im individuellen Bestandesplan die Schritte bewusst gemacht, die Sie bereit sind zu tun, um so viel Wohlstand in Ihrem Leben zu verwirklichen, wie Sie bereit sind zu verursachen.

Wir alle bringen eine erstaunliche Vielzahl an brachliegenden Talenten mit, von denen der größte Teil während des ganzen Lebens nicht aktiviert wird. Diese »innere Schatzkammer« ist größer, als wir uns vorstellen, und kann jederzeit in Besitz genommen werden. Unsere innere Grenze ist der Bereich, den wir bisher genutzt haben, aber wir können diese innere Grenze natürlich überschreiten und Leistungen vollbringen, die wir uns nie zugetraut hätten.

Ganz gleich welcher Tätigkeit Sie nachgehen, unabhängig vom Stand Ihrer geistigen Entwicklung versuchen Sie in Ihrem Tun stets erfolgreich zu sein. Erfolgreich zu sein ist ein Grundbedürfnis des Menschen, und deshalb sollten wir unsere Einstellung zum Erfolg einmal sorgfältig prüfen, damit wir nicht mit einer negativen Einstellung unseren natürlichen Erfolg behindern oder gar erfolgreich verhindern.

Es ist ein wunderbares Gefühl, nicht nur erfolgreich, sondern in jedem einzelnen Fall erfolgreich zu sein. Der Weg zum Erfolg ist oft mit Kummer und Sorgen gepflastert, aber in Wahrheit ist jeder sogenannte Misserfolg, wie bereits erwähnt, nur eine Botschaft des Lebens, dass es so nicht funktionieren kann. Es ist nichts weiter als eine Aufforderung, die Lektion zu lernen und es beim nächsten Mal besser zu machen. So wird der scheinbare Misserfolg zum wichtigsten Lehrer auf dem Weg zum Erfolg.

Eigenartig ist, dass alle Menschen, die sich auf der Suche befinden, am liebsten einen »helfenden« oder »beratenden« Job ausüben würden, bei dem sie anderen mit Rat und Tat zur Seite stehen können. Diese Absicht ist durchaus ehrenwert, aber nur wenn ich selbst mit mir im Reinen und im Ein-Klang bin, wird mir das gelingen. Vermögensberater, Budgetberater,

Lebenslehrer oder Bewusstseinstrainer sind großartige Berufe, doch nicht jeder sollte sie beruflich ausüben, zumal es noch viele andere notwendige Jobs gibt.

Wichtig ist, dass man das Wissen, das man sich in seinen Ausbildungen aneignet, vorerst für sich nutzt. Auch hier gilt also die Schritt-für-Schritt-Technik, der irgendwann der große Schritt der beruflichen Verwirklichung folgen kann.

Es gibt keine guten oder schlechten Jobs, und kein Job ist besser als der andere. Jede Aufgabe ist wichtig. Wo soll ich mein Geld abheben, meine Benzinrechnungen bezahlen und meine Steuerklärung abgeben, wenn jeder im beratenden Bereich tätig ist? Wir würden im Müll ersticken, wenn keiner mehr die Aufgabe übernimmt, ihn zu entsorgen.

Unsere Bequemlichkeit wird von einer gewissen Selbstverständlichkeit begleitet, der es oft an Wertschätzung mangelt. Dabei ist jede noch so unscheinbare und kleine Tätigkeit unabkömmlich und Teil des großen Ganzen.

Das Wesen der »In-Form-ation«

Sehen wir uns das Wort Information einmal etwas genauer an. Es liegt darin nicht nur Einiges verborgen, sondern auch ein Schatz.

Jede Information ist wertvoll, es ist nur wichtig, sie zu erkennen und dass sie an der richtigen Stelle ankommt. Meist prallt sie an uns ab, bevor sie etwas tiefer in uns einsickern konnte, weil wir denken, dass sie nutzlos ist. Doch keine Information ist nutzlos, sonst würde sie den Weg nicht zu uns finden.

Wir sollten nicht immer glauben, schon alles zu wissen. Auch sollten wir nicht immer alles gleich in wertlos und sinnvoll einordnen, sondern uns dafür öffnen, dass jede Kleinigkeit für uns ein großes Geschenk sein kann.

Eine Information ist ein Energiequantum mit einer ganz bestimmten Schwingung, die als Änderung der Frequenz unseres Bewusstseins-Energiefeldes »in die Form« gehen sollte. Wir sollten jede Information »vollziehend« erleben, das heißt es zulassen, dass die Information unser Bewusstsein verändert und so ein Teil unseres Bewusstseins wird.

Wir brauchen also mit einer Information nichts zu machen. Wir sollten einfach nur zulassen, dass sie mit uns etwas machen kann, so dass jede Information unser Bewusstsein verändert und »anheben« kann.

Da wir alle mit den ankommenden Informationen individuell umgehen, wird diese Veränderung bei jedem anders ausfallen. Das hängt vor allem davon ab, »wer« die eingehende Information bewertet. Im Normalfall ist es das »Ich« in Verbindung mit dem Verstand. An dieser Barriere scheitern die meisten Informationen, da sie der Verstand nach seinem Maßstab bewertet, einen großen Teil der Informationen für die Persönlichkeit als unwichtig aussortiert und erst gar nicht an das Bewusstsein weiterleitet. Es ist daher unverzichtbar, »bei Bewusstsein« zu sein, damit jede Information ihre innewohnende Wirkung entfalten kann.

In Wirklichkeit ist jede Information eine energetische Wirkungseinheit, die eine bestimmte Veränderung in uns bewirken will. Sie ist eben nicht zur Anlage in unserem Wissensspeicher bestimmt.

Nehmen wir an, diese In-FORM-ation wäre eine 200-Euro-Note. Nun kann ich sagen: »Wie schön, dass ich eine 200-Euro-Note habe«, und klebe sie anschließend in mein Fotoalbum ein. Jetzt ist es ein wertloses Stück Papier und kann nicht das Geringste bewirken. Ich kann aber auch prüfen, welche Information dieser Schein in sich trägt und was ich speziell mit dieser einen 200-Euro-Note bewirken könnte und möchte – so kann ich sie entsprechend wirken lassen. Dann wird der Schein etwas be-wirken und vielleicht für ein gutes Essen, eine Jacke oder eine Spende für ein Kinderdorf zum Einsatz kommen. Wie auch immer, die Möglichkeiten sind unendlich.

Mit diesem einfachen Beispiel möchte ich Ihnen aufzeigen, wie wichtig es ist, mit einer Information richtig umzugehen und vor allem, wo sie landen sollte, um effektiv angewendet zu werden, damit sie Früchte tragen kann. Erst wenn wir die Information richtig einsetzen und nutzen, wird sie sich entfalten können.

Um diese Möglichkeiten erkennen und angemessen würdigen zu können, sollten wir damit beginnen, die Dinge energetisch wahrzunehmen. Das brauchen wir nicht erst zu lernen, denn das können wir alle von Geburt an. Wir haben es vielleicht vergessen, weil wir es vernachlässigt haben und uns um diese Form der natürlichen Wahrnehmung zu wenig oder nie gekümmert haben. Es genügt, dass wir unsere Wahrnehmung auf die energetische Botschaft richten, und schon wird sie uns bewusst.

Nehmen wir ein kleines Beispiel. Jemand, dem wir begegnen, sagt zu uns: »Guten Tag.« Wir achten nicht wie gewohnt NUR auf die Aussage, sondern auf die Energie, mit der diese Aussage verbunden ist. Woraus ist sie entstanden? War sie freundlich, zurückhaltend, bestimmend, liebevoll, schüchtern, erwartungsvoll, entgegenkommend, reserviert, natürlich, ehrlich, offen und so weiter? Nun können wir diesen Gruß mit jedem beliebigen anderen vergleichen, um unsere Wahrnehmung zu schärfen. Wir werden erkennen, dass wir diese Möglichkeit immer schon hatten und sie uns uneingeschränkt zur Verfügung steht.

Wir haben es auch nicht verlernt, die mit einer Aussage einhergehende Energie zu erkennen, wir sollten uns nur wieder daran erinnern und nicht erst am Abend feststellen, dass wir immer bloß den ersten Eindruck als oberflächliche Erscheinung wahrgenommen haben. Es geht darum, dies zu leben. Das Leben ist ein Erfahrungsprozess, in dem Dinge angewendet werden sollen. Wissen alleine reicht nicht aus, um zur Erkenntnis zu gelangen. In jedem AUGENBLICK bietet sich die Möglichkeit, die Energie der Situationen, der Menschen, der Worte, der Gefühle, der Gegenstände und so weiter wahrzunehmen.

Ich kann Ihnen sagen, welche Energie mit den Worten und Taten einhergeht, aber wenn Sie es wissen, hilft Ihnen das auch nicht weiter. Es liegt an Ihnen, diese Wahrnehmung umzusetzen und anzuwenden. Probieren Sie es doch einfach gleich aus und machen Sie es sich zur Gewohnheit, es den ganzen Tag lang zu tun – und beginnen Sie mit ein paar wenigen Malen. Sie werden sehen, dass es sich lohnt.

Nun nehmen wir einmal auf die gleiche Art unsere eigene Energie wahr. Dann die eines beliebigen Anderen – und vergleichen sie. Anschließend richten wir unsere Wahrnehmung auf einen speziellen Aspekt des anderen, etwa auf seine Gesundheit, seine Partnerschaft oder seine wirtschaftliche Situation. Bei jedem Wort, das wir aussprechen, verändert sich das Energiefeld des anderen. Wir können sogar stumm eine Frage stellen, und er wird sie empfangen und umgehend energetisch antworten. Da viele Menschen sich dafür nicht öffnen, werden wir wohl oft eine innere Abwendung wahrnehmen können.

Am deutlichsten werden die Reaktionen unseres Gegenübers sein, wenn wir laut (oder auch stumm) eine Behauptung aufstellen. Im gleichen AUGENBLICK wird eine Veränderung des anderen Energiefeldes stattfinden, und diese Reaktion wird die Antwort sein.

Vielleicht braucht es ein paar Anläufe, bis Sie das auch energetisch wahrnehmen können. Je öfter Sie sich dafür öffnen, umso rascher und besser wird es Ihnen gelingen. Wir können so zum Beispiel den anderen bei einer Verhandlung fragen, wie weit er gehen will, zum Beispiel wenn es darum geht, uns beim Preis entgegenzukommen. Wir werden immer eine ehrliche Antwort bekommen, denn auf dieser Ebene gibt es keine Unwahrheiten oder Lügen.

Reagiert der andere abweisend, wissen wir, dass wir nicht mehr weiter zu fragen brauchen. Öffnet er seine Körperhaltung und tritt uns mit freundlicher Ausstrahlung entgegen, dann wissen wir, dass wir auf dem richtigen Weg sind.

ERFOLGREICH SEIN –
DIE INVESTITION
IHRES LEBENS

**ERFOLG STARTET ALS BEWUSSTSEIN,
BEVOR ER GEBOREN WIRD**

Führt Arbeit wirklich zum Erfolg?

Es gibt viele Möglichkeiten, erfolgreich zu sein. Was auch immer Sie tun, es beginnt mit einer Idee.

Was das heißt? Nun, dass alles dem Geist entspringt und dort bereits vorhanden ist, bevor es in die Umsetzung geht und sich verwirklichen kann. Eine Idee wird zu einem Gedanken, der dann zu einer Handlung führen kann, und jeder Gedanke ist wirklichkeitsschaffende Energie.

Ihr ganzes Leben basiert auf Gedanken. Ohne Gedanken würde es »Ihre« Welt nicht geben. Jede Handlung ist erfolgreich, auch wenn diese sie in die Pleite führt. Dann haben Sie erstens gelernt, dass das nicht Ihr Weg ist. Zweitens haben Sie eine wertvolle Erfahrung gemacht. Drittens wissen Sie jetzt, wie es *nicht* funktioniert und können es jetzt *anders* und *besser* machen. Der Mensch verzeichnet ausschließlich Ereignisse, die er als *gut* bezeichnet, als Erfolg. Aber auch eine Pleite ist ein Erfolg. Sie erfolgt aufgrund einer Ursache, die Sie gesetzt haben. Natürlich geschieht dies meist unbewusst, aber nichtsdestoweniger haben Sie einen Auslöserknopf betätigt, der genau diese Erfahrung zum Vorschein gebracht hat.

Ein Erfolg muss also nicht immer gut sein, er kann durchaus auch *schmerzvoll* sein, und es sind gerade diese Erfahrungen, die das Leben so wertvoll machen. Die wollen wir zwar alle nicht machen, drücken uns davor und versuchen ihnen aus dem Weg zu gehen. Aber schon alleine aus diesem Grund werden wir ihnen nicht entkommen.

Die Welt unterliegt der Polarität. Sie fungiert auf dem dualen Prinzip, und wo hell ist, ist auch dunkel, und wo gut ist, muss auch böse sein. Wenn ich nur das »scheinbar« Gute will, ziehe ich unweigerlich das an, was ich als »schlecht« bezeichne. Was können wir also tun? Am besten ist es, die Dinge nicht in »so oder so« zu unterteilen und sie nicht zu bewerten, sondern einen neutralen Standpunkt einzunehmen. Die Dinge sind, wie sie sind, die brauchen unsere Meinungen und Standpunkte und Urteile nicht. Sie sind aber nie so, wie wir glauben, denn sie sind nur das Produkt unserer Gedanken und Vorstellungen.

Alles ist in sich Licht und Energie. Das, was wir darin sehen oder hineininterpretieren, ist nichts weiter als eine persönliche Meinung, die es zu Milliarden gibt. Das Leben ist das Ergebnis unserer Gedanken. Dies sollten wir niemals vergessen und das auch endlich erkennen, damit wir die Welt mit anderen Augen sehen und aufhören, Leid und Schmerz zu produzieren.

Der Grad des Erfolgs ist dabei nicht von der geleisteten Arbeit, der Anstrengung oder der Dauer der Tätigkeit abhängig, sondern von meiner bewussten oder unbewussten Vorstellung, meiner Überzeugung, meinem Glauben, also wieder von einem geistigen Wert. Es ist der Geist, der zum Erfolg führt und bestimmt, ob, wann, wie und wieviel Erfolg »in Erscheinung« tritt. Der eigene Arbeitsaufwand ist also bestenfalls die eigene Mitwirkung, um nicht selbst zum Hindernis für die Verwirklichung zu werden. Er ist aber nie die Ursache des Erfolgs. Die wahre Ursache ist immer der kreative, schöpferische Geist, und der Grad des Erfolgs ist wiederum ausschließlich von der geistigen Qualität abhängig.

Wir alle sind in den meisten Bereichen Mittelmaß. Aber jeder hat zumindest einen Bereich, in dem er Spitze wäre, wenn er es nur wüsste. Dieser Bereich muss zuallererst entdeckt und dann in die Realität umgesetzt werden. Wer ihn gefunden hat, kann ihn ausbauen und fördern. Mittelgut bis halbschlecht reicht in Zukunft einfach nicht mehr aus. Irgendwann sollten wir uns entscheiden, bevor es zu spät ist und wir in Verhaltensweisen verfallen, die zur Gewohnheit werden. Sind sie das einmal, lassen sie sich nur schlecht abgewöhnen.

Deshalb ist es wichtig, JETZT die Weichen für sein Leben zu stellen, nicht erst morgen oder nächstes Jahr. Und wenn wir das, was wir am besten können, endlich leben, sollten wir in dem, worin wir gut sind, noch besser werden. *Das heißt, wir sollten uns fördern, indem wir uns fordern.*

Was ist zu tun? Was gilt es zu erkennen?

- Seien Sie für andere wichtig und interessant.
- Eignen Sie sich täglich mindestens eine Stunde Wissen an.
- Gehen Sie mindestens einmal, besser noch mehrmals kurz in sich, um zur Ruhe zu kommen und Ihrem Herzen zu lauschen.
- Schaffen Sie sich interessante Kontakte, indem Sie für andere hilfreich und wertvoll sind.
- Finden und leben Sie Ihren eigenen Rhythmus. (Wenn Sie

ein Morgenmuffel sind, werden Sie keine Höchstleistungen vollbringen.)

- Lernen Sie Rückschläge einzustecken und erkennen Sie, dass sie das »Sprungbrett für Ihren Erfolg« sind (durch bewusste Schulung lernt man am besten). Schon mancher hat sich ein schönes Haus aus Steinen gebaut, die ihm ein anderer in den Weg gelegt hat.

Rückschläge kommen nie ohne Ursache, und bevor ein Gewitter einsetzt, donnert es meistens, also nutzen Sie die Zeit.

- Erleben Sie jeden Tag in der »Tagesrückschau«, indem Sie den vergangenen Tag noch einmal in der Imagination so erleben, wie Sie ihn gerne gelebt hätten. Ändern Sie die Ereignisse in Ihrer Vorstellung und lassen Sie alles gut ausgehen. Dadurch wird der Tag energetisch neu geboren und wird eine entsprechende Wirkung auf Ihre Zukunft haben. Vergeben Sie, wenn Sie verurteilt haben, und lassen Sie dann den Tag los. Richten Sie Ihre ganze Aufmerksamkeit und Freude auf den revidierten Tag. Das Ausmaß der Verwandlung, die eine solche Revision mit sich bringt, wird Sie immer wieder überraschen. Die Änderung der Realität findet in der Imagination statt und wird dann im Außen erlebt.
- Treffen Sie die Wahl. Wenn Sie im Fernsehen einen bestimmten Film ansehen wollen, sollten Sie auch das entsprechende Programm wählen. Wenn Sie abnehmen wollen, sind es die Ernährungsgewohnheiten, die Sie dauerhaft ändern sollten. Wenn Sie in Berlin sind und

nach München wollen, sollten Sie nicht in einen Zug einsteigen, der nach Hamburg fährt. Kurz gesagt: Ganz gleich, was Sie erreichen wollen, es bedarf der richtigen Ursache, um das Ziel Ihrer Wahl zu erreichen.

- Lassen Sie den Ärger und das Fluchen los. Es hilft gar nichts, außer dass es Ihnen kostbare Energie raubt und Ihnen dadurch mehr schadet als nützt. Gehen Sie öfter mal ins Ich, aber vergessen Sie nicht, dass auch Meditieren oder Beten das Setzen der richtigen Ursache nicht ersetzt. Es mag hilfreich sein, aber die Ursache können nur Sie für sich setzen, wer sonst?

Ich brauche kein besserer Mensch zu werden, nur weil ich ab JETZT immer die richtige Wahl treffe und dem Leben nur noch stimmige Anweisungen gebe. Es ist eine Grundeigenschaft, so zu sein, also stimmig zu sein, und natürlich Entscheidungen zu treffen. Die meisten Entscheidungen sind unnatürlich, weil ich sie aus dem Verstand heraus treffe und stets die Absicht hege, dass sie eine gewisse Wirkung erzielen sollen. Berechnung ist etwas, was wir uns abgewöhnen sollten. Wir sollten das Leben nicht manipulieren, sondern uns für den natürlichen Fluss öffnen.

Das klingt nicht nur einfach, sondern wird es dann auch, wenn wir den Widerstand beenden und endlich durchschauen, dass wir nicht der Handelnde sind. Wir haben einen Körper, aber wir sind die Seele, die ihn für Ihre Erfahrungen nutzt. Finden wir also heraus, wer in uns handelt, dann beginnt das Leben automatisch harmonischer zu werden.

Um vom Leben etwas geschenkt zu bekommen, sollte ich zuallererst das Leben beschenken. Sobald ich das Leben durchschaut habe, werde ich die Gesetze des Lebens automatisch beachten und somit immer die entsprechende Ursache setzen. Und dann, und NUR dann, geschieht es auch. Wenn eine Änderung erforderlich ist, sollten wir auch das Richtige tun.

In einem baufälligen Gebäude genügt es nicht, einfach nur die Möbel umzustellen. Am besten räumen Sie alles aus, entsorgen das Wissen und die Idee, alte Verhaltensweisen und Gewohnheiten, Vorstellungen und das Wollen und sehen sich dann ganz in Ruhe den leeren Raum an.

- Was hat er zu bieten?
- Was ist er ohne all die trügerischen Gewohnheiten?
- Was spiele ich hier für eine Rolle?
- Bin ich der Raum oder der Inhalt?
- Kann ich überhaupt etwas Feststellbares und Vorübergehendes sein?

Der erste Schritt, um eine Änderung zu erzielen, besteht darin zu erkennen, wo ich JETZT stehe, und damit einverstanden zu sein, dass es JETZT so ist, wie es ist. Wenn ich mir vormache, bereits am Ziel zu sein, werde ich es wohl nie erreichen. Nur indem ich zu dem, was ist, ja sage, kann ich die richtigen Entscheidungen treffen und die richtigen Ursachen setzen, um mein Ziel zu erreichen.

Was aber ist, wenn Sie all die Botschaften ignorieren und es versäumen, den nächsten Schritt zu gehen?

Vergleichen wir es mit einer Ampel. Wenn Sie bei Rot an der Ampel weiterfahren, entsteht sofort Chaos. Wenn Sie zur Abwechslung mal auf der Gegenspur fahren, ist ein Unfall nicht mehr zu vermeiden. Wann immer Sie sich nicht an die innere Ordnung der Dinge halten, geht etwas schief. Umgekehrt ist es nicht anders. Wann immer etwas schief geht, haben Sie sich nicht an die »Straßenverkehrsordnung des Lebens« gehalten und bekommen schmerzhaften »Nachhilfeunterricht«.

Um die »Gesetze des Universums« einhalten zu können, sollten Sie diese allerdings kennen. Wenn Ihre Gedanken zu mehr als 50 % negativ sind, werden Sie zu mehr als 50 % negative Erfahrungen machen. Wenn Sie aber immer mehr im »Ein-Klang« mit sich und dem Leben sind, werden Sie immer mehr entsprechende Lebensumstände erfahren.

In dem AUGENBLICK, in dem Sie Ihre Aufmerksamkeit auf Ihr wahres Wesen, auf die Liebe richten, sind Sie im Einklang mit sich selbst, und im selben AUGENBLICK beginnt sich Ihr Leben zu verändern. Mag sein, dass es einige Zeit dauert, bis es sichtbar wird, aber es beginnt im selben AUGENBLICK. Und dann ist es auch nicht mehr die Arbeit, die Sie zum Erfolg und zur Zufriedenheit führt, sondern Ihre Berufung, das, was Sie ohnehin gerne tun.

Wer sich hingibt, den wird das Leben reichlich beschenken. Lassen Sie den Gedanken los, viel tun zu müssen, um viel zu erreichen. Weniger ist mehr! Wenn Sie dem Leben viel Aufmerksamkeit geben, wird nicht viel passieren, oder es passieren Ihnen Dinge, die Sie gar nicht wollten. Wenn Sie aber viel in Ihr Inneres investieren und sich um Ihre wahre Identität kümmern, dann werden Sie FÜLLE erfahren. Nicht durch »Arbeit«, sondern durch ein ganz natürliches Wirken, das Sie sich nicht besser vorstellen könnten.

Das Tun im Nichtstun ist also kein stundenlanges Liegen auf dem Sofa, ganz im Gegenteil. Es ist das Ausüben eines natürlichen Drangs, der Sie doppelt so viel bewirken, erreichen und leisten lässt, als Sie es mit normaler Arbeit jemals hätten vollbringen können.

Arbeiten Sie nicht, sondern lassen Sie sich führen und tun Sie das, was Sie am besten können.

Was das ist?

Finden Sie es heraus!

DAS SELBSTBILD ALS ERFOLGSFAKTOR

Welches Selbstbild hat der Mensch in der Regel von sich? Welchen Einfluss hat das Selbstbild auf den Erfolg eines Menschen? Warum ist unser Selbstbild meist kein schönes und liebenswertes Bild, sondern eher eine zweifelnde, ängstliche und unscharfe Vorstellung?

Erst wenn wir ein positives und überzeugtes Bild von uns haben, werden auch die Lebensumstände überzeugend und positiv sein. Fühlen wir uns in uns selbst so richtig wohl, haben wir Achtung vor uns und akzeptieren wir uns, wird wahrer Erfolg einfach geschehen. Nun kommt sicher die Frage: Ja, wer mag sich denn schon wirklich? Hat nicht jeder Mensch ein Problem mit sich selbst? Das mag sein, denn wir alle haben so unsere Erfahrungen hinter uns, die nicht immer angenehm waren und die uns doch sehr geprägt haben.

Tatsache ist, dass jeder Mensch teils bewusst, größtenteils aber unbewusst ein bestimmtes Bild von sich hat. Kaum jemandem ist allerdings bewusst, dass dieses Selbstbild dem Leben als Grundlage für die Schaffung unserer individuellen Realität dient.

Bewusst oder unbewusst verbinden wir mit diesem Bild ein bestimmtes Gefühl. Das können Ablehnung, Traurigkeit, Zaghaftigkeit oder auch Fürsorge und Wohlwollen sein. Bild und Gefühl, also Denken und Fühlen, sind die Bausteine, aus denen das entsteht, was wir als unsere Realität bezeichnen.

Dieses Bild ist deshalb so wirksam, weil es sich mit unserem Glauben verbindet und damit zur Ursache wird. Das heißt, dass wir nicht nur durch unsere Ausstrahlung und durch unser Sosein Wirkungen erzeugen, sondern auch durch unseren Glauben. Wenn wir glauben, nichts zu können, wird uns auch wenig gelingen. Wenn wir glauben, dass uns Geld nicht zusteht, wie soll es dann zu uns finden?

Die Menschen unterschätzen Ihre Gedanke, Worte und Gefühle, denn all das ist nicht nur wirklichkeitsschaffende Energie, es ist unsere WIRKLICHKEIT.

Das, was wir als Realität bezeichnen, entsteht nur durch unsere Sichtweise, unser Denken, Fühlen und Glauben, und diese Realität – oder Wirklichkeit – wird erst durch unser Ich-Bewusstsein erschaffen. Da wäre nichts, keine Welt und kein Umfeld, wenn es nicht unsere Projektionen und unsere Persönlichkeit mit unserem Denken gäbe.

Wir sind unsere Gedanken – und die Welt ist das, was wir DENKEN.

Auch das, womit wir uns häufig oder ständig befassen, prägt unser Leben unaufhörlich, denn durch die »Macht der Wiederholung« wird es Teil unseres Selbstbildes. Das Bild, das wir von uns selbst haben, ist deshalb so wichtig, weil die Welt, die wir erleben, eine Reflektion unserer Überzeugung ist.

Wie sehr uns die Welt gefällt, wie gut es uns geht und was wir im Leben erreichen, all das wird weitgehend von unserem Selbstbild bestimmt. Aber glücklicherweise sind wir unserem Selbstbild nicht ausgeliefert, weil wir es jederzeit ändern können. Auch Sie bestimmen Ihr Selbstbild ganz allein oder können es doch jederzeit bewusst bestimmen.

Was ist hierfür zu tun? Der erste Schritt besteht darin, die Art meiner Gedanken und Gefühle zu überprüfen und gegebenenfalls zu optimieren:

- **Wie denke ich über mich?**
- **Was rede ich über mich?**
- **Wie sehe ich mich selbst?**
- **Wie empfinde ich mich?**

Die Realität, die Sie erleben, ist eine sich selbst erfüllende Überzeugung, und Ihr Selbstbild ist dabei der wichtigste Teil. Wenn Sie sich als erfolgreichen Menschen erleben, bevor Sie es sind, werden Sie auch erfolgreich sein. Und das gilt für alle Bereiche des Lebens.

Selbst wenn Sie sich im Moment anders erleben, etwas anders empfinden und es sich anders darstellt, haben Sie dann die Kraft, es in all seiner Schönheit zu sehen? Können Sie sich »vorstellen«, in einer wundervollen Partnerschaft zu sein, obwohl Sie im Moment allein sind? Können Sie sich als erfolgreich empfinden, wiewohl Sie gerade Ihren Job verloren haben? Wenn Sie sich jetzt fragen, ob das funktionieren kann, darf ich Ihnen versichern, *dass* es funktioniert. Sie brauchen nur daran glauben und sich darin »üben«.

Dieses Üben ist keine körperliche Übung, die Sie willentlich ausführen können, vielmehr ist es eine Form von mehr Achtsamkeit im Leben. Es ist eine Art, sich die Dinge etwas genauer anzusehen und auf Ihre Wahrheit hin zu überprüfen. Solange Sie glauben, dass Ihr Leben fremdbestimmt ist und Sie sowieso nichts gegen die momentanen Umstände tun können, wird sich natürlich nichts daran ändern. Deshalb gilt es zunächst einmal zu durchschauen, dass das Leben *Ihre* Entsprechung ist und *Ihren* Anweisungen folgt. Und Gedanken, Worte, Taten, Glauben und Empfindungen sind *Anweisungen*, wenn auch unsichtbar, die das Leben zuverlässig ausführen wird.

Sobald Sie nicht nur wissen, dass das Leben immer nur Ihnen entsprechen kann, sondern auch in sich selbst entdeckt haben, *dass es so ist,* bekommt alles plötzlich eine andere Bedeutung. Das Leben *wird* nicht leichter – Sie *nehmen* es leichter!

Was nutzt es, wenn ich hadere, es wird dann ja nur noch schlimmer, weil die manifeste Lebensenergie meinem Hadern folgen kann. Wenn ich jemanden beschuldige, weil ich meinen Job verloren habe, kann ich den Irrtum durchschauen und erkennen, dass ich für die Situation allein verantwortlich bin, und meine Gedanken revidieren.

Kein Mensch kann mein Leben denken und formen, ich bin es immer selbst, der es kreiert und lenkt. Also kann ich auch damit beginnen, Verantwortung zu übernehmen und innerlich mein Wissen zu akzeptieren, dass das Leben ein Abdruck meiner Gedanken ist: Was ich in das Leben hineingebe, das werde ich zurückerhalten.

Wie also sind Ihre Gedanken? Ihre Worte? Ihre Gefühle? Hart und kalt, aggressiv, zynisch, wütend, bösartig, unwichtig, unkontrolliert, bewertend, verurteilend und ständig gegen etwas oder mit etwas beschäftigt? Oder sind sie vielleicht wohlwollend, zaghaft, eher selten und stets liebevoll? Sehen Sie die Welt mit dem Verstand oder mit dem Herzen?

Viele Menschen glauben, dass Sie aus dem Herzen heraus leben, sind sich aber nicht der Wirkung ihrer unbewusst gedachten Gedanken bewusst. Nehmen Sie das, was Sie unbewusst denken, überhaupt wahr? Wenn Sie etwas sehr stark beschäftigt oder sich um etwas sorgen, wann bemerken Sie, dass Ihre Gedanken ständig darum kreisen, das Ganze mit Energie aufladen und es noch schlimmer erscheinen lassen? Nach einer Minute, nach Stunden oder erst am Ende des Tages? Oder bemerken Sie es vielleicht überhaupt nicht, weil Sie seit jeher glauben, Ihre Probleme durch Nachdenken lösen zu können? Wie lange wollen Sie noch dem Irrtum erliegen, dass die Gedanken für Ihr Glück verantwortlich sind?

Irgendwann wird es beim Menschen zur Routine, ständig zu denken, und dabei sind 90 % (wenn nicht mehr) unserer Gedanken komplett überflüssig. Natürlich brauchen wir das Denken, um zu überleben, wir würden sonst ja gar nicht funktionieren. Aber Denken ist nicht gleich Nachdenken! Es ist ein Unterschied, wenn ich darüber nachdenke, wie ich von A nach B reise, oder mir über etwas Gedanken mache, was ich als Problem bezeichne.

Denken Sie nicht über Dinge nach, die Sie in eben diesem Moment nicht ändern können, sondern lassen Sie Ihre Gedanken einfach im Regen stehen, auch wenn die Sonne scheint. Sie werden sehen, dass Sie sich besser fühlen.

IHR INDIVIDUELLER ERFOLGSPLAN

Wie steht es um Ihren Erfolg? Sehen Sie sich als erfolgreich an oder glauben Sie, schon öfter »versagt zu haben«? Haben Sie zu früh aufgegeben oder ist es ein anderer Grund, weshalb der Erfolg bisher ausgeblieben ist?

Wie man seinen persönlichen Erfolg unvermeidbar macht? Ich verrate Ihnen nun einige Erkenntnisse und Einsichten, die Ihnen eine positive Einstellung verleihen, um erfolgreich durchs Leben gehen zu können:

- *Den Erfolg durchschauen*

Erkennen Sie das Leben als Spiel. Es geht mit Leichtigkeit voran, und Sie können in jedem Fall nur gewinnen. Seien es Erfolg oder Misserfolg als wertvolle Erfahrungen, alles dient Ihnen nur zu Ihrem Besten, selbst wenn Sie das nicht gleich erkennen können. Durchschauen Sie, was Erfolg wirklich ist. Wie das Wort schon sagt, ist ein Er-folg das, was erfolgt. Es heißt nicht Erschaff, Erzwing, Erkämpf oder Erbitte. Alles ist ein Erfolg, und es gibt nichts, was nicht ein Erfolg ist. Es könnte sein, dass wir das anders sehen, doch Erfolg bleibt Erfolg.

- *Ursache und Wirkung auf den Grund gehen*

Erfolg ist nur ein anderes Wort für Wirkung. Bevor etwas erfolgen kann, geht etwas voraus. Das, was vorausgeht, bestimmt das, was erfolgt. Bereits bevor etwas erfolgt steht fest, was erfolgen wird. Ganz gleich, was Sie tun, es erfolgt immer etwas. Das, was erfolgt, entspricht immer der Ursache, aber nicht immer der Absicht. Jeder bekommt vom Leben nicht das, was er sich erwünscht oder was er ganz dringend braucht, sondern das, was er verursacht hat. Nichts anderes, nicht mehr und nicht weniger! Es gibt weder unverdientes Leid noch unverdientes Glück, sondern nur Ursache und Wirkung. Jeder Ihrer Erfolge, ebenso wie jeder Ihrer sogenannter Misserfolge, ist ein Beweis für die Richtigkeit dieser Gesetzmäßigkeit. Jeder ist immer zu 100 % erfolgreich. Es geschieht immer nur das, was zuvor verursacht wurde, ganz gleich, ob es gefällt oder nicht gefällt.

- *Fehler, die uns »lehren«*

Auch das, was Sie als Fehler bezeichnen, ist ein Erfolg, der Ihnen nützlicher sein kann als ein Ereignis, das Sie als wahren Erfolg bezeichnen würden. Der Erfolg, den Sie als Fehler bezeichnen, zeigt zuverlässig an, dass das Leben in eine andere Richtung geht, als wir es uns vorgestellt haben. Jeder »Fehler« ist daher immer eine Chance, es beim nächsten Mal besser zu machen. Es gibt keinen Misserfolg, sondern nur Erfolg, den wir als positiv oder als negativ empfinden. Einer negativen Einstellung und Gedankenwelt werden negative Ergebnisse folgen und umgekehrt. Dabei existieren die Bezeichnungen negativ und positiv nur in unserer Vorstellung und Sichtweise – und existieren damit eigentlich gar nicht.

- *Erfolgsverhinderndes erkennen und loslassen*

Positiver Erfolg beginnt damit, all das loszulassen, was Ihren positiven Erfolg bisher erfolgreich verhindert hat. Sie können so viel Erfolg verursachen, wie Sie denken und glauben können. Sie können alles verursachen, auch positiven Erfolg. Schauen Sie sich Ihre Ablehnungen, Zweifel und Befürchtungen einmal genauer an. Sie sind es, die Ihr Leben formen. Bevor Sie all diese negativen Verhaltensformen, Gedanken und Gewohnheiten hinter sich lassen, sollten Sie sich ihrer bewusst sein. Dem Loslassen geht stets ein wichtiger Schritt voraus: die Einsicht und Erkenntnis dessen, was Ihr Leben zu dem gemacht hat, das es jetzt ist. Sie werden noch erfolgreicher, wenn Sie aufhören, durch falsches Verhalten Ihren Erfolg erfolgreich zu verhindern, und auf Ihrem Weg zum Erfolg keine Kompromisse mehr machen.

- *Hilfsbereitschaft und Erfolg fördern*

Werden Sie noch erfolgreicher, indem Sie anderen helfen, erfolgreicher zu werden. Helfen Sie Ihren Kunden, Mitarbeitern, Familienmitgliedern oder Nachbarn beispielsweise, den Erfolgsfaktor Gesundheit zu verbessern und zu erhalten. Oder erschaffen Sie sich ein Zusatzeinkommen mit einer Tätigkeit, die richtig Freude bereitet. Aber auch die Beschäftigung damit, »wie man richtig investiert« und so den Faktor Zeit optimal nutzt, ist sehr sinnvoll. Wie man auf geistiger Ebene Erfolg schafft und bei sich bleibt, ist ein wertvoller Unterricht darin, sich den wirklich wichtigen Fragen des Lebens zu widmen. Aber auch einfach für andere da zu sein, kommt Ihnen selbst zu Gute. Probieren Sie es einmal aus, und Sie werden sehen, es macht auch noch glücklich!

- *Wesentliches und Effektives leben*

Sie werden erfolgreicher, indem Sie die Macht der unwiderruflichen Entscheidung nutzen und zu den wenigen Menschen gehören, die immer nur das Not-wendige tun. Vergeuden Sie Ihre Zeit nicht mit Dingen, die jetzt gar nicht dran sind. Verzetteln Sie sich nicht und verlieren Sie sich nicht in zig Möglichkeiten, sondern bleiben Sie bei der Sache, die wirklich stimmt und Ihrem Herzen entspricht. Verstandesentscheidungen sind hier fehl am Platz, denn das Denken gibt Ihnen viele Möglichkeiten, wie es sein könnte. Doch es gibt nur eine Sache, die wirklich immer zu 100 % passt, und das ist die, für die sich Ihre Intuition entscheidet. Konzentrieren Sie sich konsequent auf das Wesentliche, alles andere kann nicht zum Erfolg führen. Und tut es das doch, dann ist es nur vorübergehend und mit zukünftigen Erfahrungen verbunden, die man sich im Nachinein besser erspart hätte. Natürlich gibt es unzählige Wege, doch wenn man sieben Möglichkeiten, die in eine Sackgasse führen, gleich umgeht, dann erreicht man zweifellos schneller das Ziel.

GELD IST BESSER
ALS SEIN RUF!

GELD – EIN AUSDRUCK IHRES BEWUSSTSEINS

Nicht nur Geld, sondern auch der Mangel daran ist Ausdruck eines bestimmten Bewusstseins. Geld ist völlig neutral, es ist weder gut noch schlecht, weder positiv noch negativ. Es geht stets zu dem, der es anzieht. Diese Voraussetzung kann jeder schaffen, selbst wenn er momentan noch anderer Meinung ist.

Harte Arbeit führt nicht wirklich zu viel Geld, höchstens zu so viel, dass es zum Leben reicht. Dabei ist der Magnetismus, der Sie »reich« macht, ist etwas ganz Natürliches.

Wenn Sie nicht in der Fülle leben, gibt es da ein Hindernis, das die natürliche Fülle verwehrt.

Dieses Buch wird Ihnen dabei helfen, das oder die Hindernisse aufzuspüren, damit sich die natürliche Fülle auch in Ihrem Leben manifestiert.

Reich kann man nicht werden, reich ist man innerlich oder man ist es nicht! Was Sie sich nicht zu eigen gemacht haben, kann sich im Außen nicht manifestieren. Nach dem Gesetz »Wie innen, so außen« gibt es keine andere Möglichkeit der manifesten Verwirklichung.

Sie können Ihren »inneren Reichtum« jederzeit beliebig vermehren. Wie? Indem Sie ihn »sammeln« und »anhäufen«, sich um ihn kümmern, ihn pflegen und hegen und wachsen lassen, dann wird er ganz zuverlässig im Außen, als Ihre individuelle Realität, in Erscheinung treten.

Es beginnt damit, dass Sie Ihre ganze Aufmerksamkeit von der Welt abziehen und sie auf die *Ursache* der Welt richten. Die Ursache ist die einzige Realität, es ist das Bewusstsein an sich. Sehr hilfreich ist es, wenn Sie Ihre Vorstellung von Reichtum mit persönlichem Magnetismus verbinden. Es ist diese Vorstellung und das bewusste Vorerleben, dass Ihnen Reichtum von allen Seiten zufließen lässt, so dass sich alles, was Sie anfassen, als Wohlstand manifestiert.

Entscheidend ist, dass Sie es nicht nur wünschen, hoffen oder bildlich vor sich sehen, sondern wirklich fühlen und anschließend tiefe Dankbarkeit dafür empfinden. Dankbar kann man nur für etwas sein, was bereits geschehen ist, und ist es erst vergeistigt, wird es durch das *Danken* auch in *Ihr* Leben treten.

Sie sollten niemals vergessen, dass die Quelle Ihres Wohlstands in Ihnen liegt. *Sie* sind die Quelle Ihres Reichtums oder Mangels, und darin ist schon die Lösung enthalten. Wohlstand fragt nicht nach einem Universitätsabschluss und auch nicht nach Intelligenz. Wohlstand kehrt dort ein, wo er sich zu Hause fühlt. Wohlstand wird vom Bewusstsein nahezu magnetisch angezogen, da es einem natürlichen *Bewusstsein der Fülle* entspricht.

Wenn Sie wohlwollend leben, sich selbst und andere Menschen und Lebewesen wirklich mögen, fällt Ihnen das, wonach Sie bisher vergeblich suchten, förmlich in den Schoß. Die Investition in sich selbst ist also die beste Investition. Es ist eine Investition, die nicht nur die höchsten Zinsen erzielt, sondern unbezahlbar ist und von unermesslichem Reichtum.

Wann beginnen Sie damit, sich um sich selbst zu kümmern, nicht um Ihr Leben, sondern wirklich um sich selbst – um Ihr Selbst, um Ihre Seele?

Die Reichen werden immer reicher, weil Sie ein Wohlstandsbewusstsein haben, und die Armen werden immer ärmer, weil es ihnen fehlt. Sie können ein Leben lang hart arbeiten und sterben doch arm – oder Sie können reich werden, während Sie das Leben genießen.

Das Leben ist ein Spiel, doch nur wenn man die Spielregeln kennt und beachtet, führt das zum Erfolg. Die meisten Menschen kümmern sich um das Spielbrett und die Spielfiguren und selten um das, was jeden einzelnen Spielzug lenkt. *Fühlen* Sie sich reich, und Sie werden Ihren Reichtum kaum vermeiden können, aber wenn Sie sich arm fühlen, können Sie alles andere vergessen, es wird sie nicht zum Erfolg führen.

Prüfen Sie einmal gründlich, wie Sie über Geld denken. Wenn Sie glauben, dass Geld die Wurzel allen Übels ist, dürfen Sie sich nicht wundern, dass Sie keines haben. Unter diesen Voraussetzungen werden Sie auch keines bekommen. Wenn Sie Geld wären, wurden Sie zu jemandem gehen, der Sie nicht mag? Wenn es Ihnen keine Freude bereitet, zu Geld zu kommen, können Sie es vergessen. Selbst wenn Sie das Große Los gewinnen sollten, mit dieser Einstellung werden Sie es nicht behalten.

Dabei will das Leben Sie nur darauf aufmerksam machen, dass man für Geld nicht »arbeiten« sollte, sondern dass es besser ist, sich ein anderes Bewusstsein zu erschaffen. Nicht im Schweiße Ihres Angesichts sollte Ihr Alltag an Ihnen vorbeiziehen, sondern in Leichtigkeit und Freude. *Fülle* ist nicht ein bestimmter Betrag, keine Vermögensgröße, sondern eine Art und Weise, sich zu fühlen.

Reichtum ist in dieser Welt *nicht* ungerecht verteilt, sondern jeder bekommt *genau* so viel, wie er sich selbst wert ist. Dies gilt nicht nur für Geld, sondern auch für Gesundheit, Erfolg und Glück. Kann es ein gerechteres System geben? Warum also nehmen Sie sich nicht einen größeren Anteil? Dem Leben ist es völlig gleich, wie *viel* Sie sich nehmen.

Strahlen Sie Fülle aus und leben Sie als Wohlstandsbewusstsein, dann werden Sie in der Fülle förmlich untergehen. Sie können wirklich *alles* haben. Die Frage ist, ob man wirklich alles *will*. Man sollte sich immer gut überlegen, was man *genau* will, denn es könnte in Erfüllung gehen. Im Nachhinein stellt man dann fest, dass man das *so* eigentlich gar nicht wollte. Waren die Gier, die Augen und der Appetit auf das Leben wieder zu groß? Dann kann man sehen, wie man das Verursachte wieder beseitigen kann.

Aber wenn Sie genau *wissen*, was Sie wollen, dann wagen Sie den Schritt. Es ist wirklich nur ein einziger Schritt, um auf allen Ebenen im Wohlstand zu leben und mit sich und dem Leben in Einklang zu sein. Ich nenne diesen Schritt immer wieder gerne »zu Bewusstsein kommen«, erinnern oder zu sich selbst zu erwachen.

Es beginnt mit einem bewussten Identitätswechsel. Treten Sie aus der persönlichen Ebene in die ursprüngliche Ebene des Seins ein, indem Sie damit beginnen, dorthin Ihre ungeteilte Aufmerksamkeit zu richten. Niemand wird durch ungünstige Umstände daran gehindert, denn jeder erschafft sich seine Umstände selbst. Sie werden als ungünstig empfunden, wenn Sie zuvor ungültige Samen gesät haben. Wenn die Samen aber nicht faul und schlecht waren, dann werden es auch die Umstände nicht sein.

Jeder kann jederzeit den ersten Schritt tun, und wenn die anderen notwendigen Schritte folgen, ist Wohlstand nicht mehr aufzuhalten. Es hört sich nicht nur einfach an, es ist auch gar nicht so schwer, wenn Sie sich nur *bewegen.*

Wer sagt denn, dass Sie den ganzen Tag in Ihren Gedanken umherspazieren müssen und Ihre ganze Aufmerksamkeit auf Ihre Lebensumstände und Lebenssituation richten müssen? *Ändern Sie das jetzt.* Es funktioniert immer. Es gilt auch, wenn Sie ganz »arm« sind und tief in Schulden stecken. Reichtum ist keine Frage der Umstände, der Umgebung, der Intelligenz oder der Erziehung, es ist ein natürliches Gesetz.

Vielleicht braucht es ein wenig Zeit, doch dann liegt es an Ihnen, Geduld zu haben und im Vertrauen zu bleiben. Es ist nicht immer ganz einfach, aber wenn Sie merken, dass Sie in alte Verhaltensweisen, Programme und Zweifel verfallen, kehren Sie einfach wieder in sich selbst und in das Vertrauen zurück.

Sie können tausend Mal hinfallen, wichtig ist, dass Sie tausend und *einmal* aufstehen. Es spielt keine Rolle, wie oft Sie alten Gewohnheiten verfallen, solange Sie es durchschauen und sich umgehend wieder aufrichten – beziehungsweise *neu ausrichten.*

INFOBOX

Wer sich für seinen Wohlstand keine Zeit nimmt, der hat irgendwann sehr viel Zeit für seinen Mangel. Da fragt man sich: Was können wir für unseren »wirtschaftlichen« Wohlstand tun?

Eine der sinnvollsten, aber auch rentabelsten Investitionen überhaupt ist die Investition in sich selbst. Damit meine ich nicht den geistigen Aspekt, sondern den irdischen, mit dem wir unser Leben bestreiten. Die eigene Bildung und Ausbildung sorgen für unser Auskommen, und deshalb ist es wichtig, diesbezüglich »on top« zu bleiben.

Machen Sie das Lernen zu Ihrem lebenslangen Hobby und Wissen zu Ihrem Kapital. Die so erzielte Rendite ist wirklich beachtlich und liegt weit über dem, was Sie von Ihrer Bank bekommen.

Bedenken Sie: Eine abgeschlossene Berufslehre gegenüber einem Ungelernten erbringt einen lebenslangen Vorteil von etwa 10 %. Eine Meisterprüfung oder ein Abschluss an einer Fachhochschule bringen noch einmal etwa zusätzliche 10 %, ein Hochschulabschluss weitere 12–14 %. Auch wenn der genaue Betrag von Land zu Land verschieden ist, bringt das doch auf jeden Fall mehr, als Sie bei einer Anlage in Aktien erzielen, es sei denn, Sie sind ein Börsenprofi. Vor allem aber ist hier das Verlustrisiko ausgeschlossen.

Bei diesen Berechnungen haben die Experten der OECD die gesamten Ausbildungskosten einschließlich der Lohnausfallkosten den lebenslangen zusätzlichen Einnahmen gegenübergestellt. Gerade in wirtschaftlich schwierigen Zeiten ist die Investition in sich selbst besonders sinnvoll. Nicht bewertet wurde dabei, dass die dadurch mögliche Tätigkeit meist auch deutlich angenehmer ist und ein höheres Ansehen genießt, das in verschiedenen Lebensbereichen wie zum Beispiel der Partnerwahl eine Rolle spielen kann.

Aber auch das lustige Studentenleben hat seinen Reiz und Wert.

Einfach »vermögend« sein

Vermögend zu werden beginnt mit dem Loslassen. Lassen Sie alle erfolgsmindernden und wohlstandsverhindernden Überzeugungen sowie Verhaltensweisen los und legen Sie sich erfolgs- und wohlstandsmehrende Überzeugungen und Verhaltensweisen zu. Machen Sie sich das zur Gewohnheit.

Wie die »Weisheit der Sprache« schon sagt, ist nicht der vermögend, der etwas hat, sondern nur der, der etwas vermag, und wer viel vermag, wird auch »vermögend« sein.

Im Wesentlichen ist Vermögen die Fähigkeit, alle Lebensumstände bewusst in eine gewünschte Richtung zu lenken und ein beabsichtigtes Ergebnis zu erzielen beziehungsweise ein gewünschtes Ziel zu erreichen. Dabei ist jeder Fehler immer nur eine »Chance zum Besseren«.

Ein Vorhaben ist immer erst dann beendet, wenn es wieder einmal erfolgreich abgeschlossen werden konnte. Hören Sie einfach vorher nicht damit auf.

Bevor Sie etwas beginnen, nehmen Sie das Erwünschte geistig in Besitz, indem Sie den erwünschten Endzustand »vorauserleben«. Erleben Sie sich JETZT in der beabsichtigten »Folge«, am Ziel. Gehen Sie ganz in den hinein, der es geschafft hat, der sein Ziel erreicht hat, und machen Sie sich so das erwünschte Ergebnis zunächst auf energetischer Ebene zu Eigen. Das gilt auch für Besprechungen, Verhandlungen, Prüfungen oder Begegnungen. Ich habe es schon erwähnt, das Motto lautet: »Erst gewinnen, dann beginnen.«

Vermögen ist in seinem Grunde die Fähigkeit zur Manifestation des erwünschten Endzustandes. Dabei gilt es, seine Aufmerksamkeit auf das erwünschte Ergebnis zu richten und gerichtet zu halten, bis das Ziel erreicht ist.

Vermögen ist also die Gestaltung der Zukunft auf geistigem Weg, indem Sie mit der »Schöpferischen Imagination« dem Leben die richtigen Anweisungen geben. Ihr Sosein, Ihr Wesen und Ihre Ausstrahlung sind dabei ein Dauerauftrag an das Leben, der die entsprechenden Ereignisse als Ihre erlebte Realität in Erscheinung treten lässt.

Jeder Gedanke, jedes Gefühl und jede Überzeugung ist eine Ursache und kehrt als entsprechende Wirkung zu Ihnen zurück. Ja, ich will! JA, ich bin vermögend!

JA, ich vermag das, was ich mir ersehne!

Vermögen ist deshalb auch die Fähigkeit, sich ganz neu zu er-finden, sich erwünschte Eigenschaften, Überzeugungen und Verhaltensweisen zuzulegen und so den eigenen Erfolg unvermeidbar zu machen. Dazu gehört es, immer sympathischer zu werden, ständig gut gelaunt zu sein und alles loszulassen, was Ihr Leben nicht wirklich bereichert. Dazu gehört auch, die richtigen Entscheidungen zu treffen, und zwar in jedem einzelnen Fall. Selbst das Ärgern und Stress zu verlernen ist etwas, was

Sie unbedingt »vermögen« sollten, so dass Sie in heiterer Gelassenheit durchs Leben gehen können.

Vermögen ist die Kunst, sich am Alltäglichen zu erfreuen, dankbar zu sein für das wunderbare Geschenk, leben zu dürfen, das Spiel des Lebens zu genießen und so den Weg der Freude zu gehen. Vermögen ist die Kunst des mühelosen Gewinnens und die Kunst, mit der Instanz innerer Weisheit in ständigem Kontakt zu sein. Nur unser wahres Sein vermag alles. In Ihm liegt das wahre Vermögen!

Vermögend zu sein bedeutet, alles zu vermögen. Es gibt nichts, was Sie nicht schaffen können, und nichts ist unmöglich. *Vergessen Sie das nie!*

EIN PAAR GEDANKEN ZUM GELD

Geld ist das, was wir daraus machen. Es ist weder gut noch schlecht. Jeder verbindet mit Geld bestimmte Überzeugungen. Solange wir damit negative Gedanken und Gefühle verbinden, sind wir für die Fülle des Lebens nicht offen. Deshalb sollten wir das ändern.

Man »muss« Geld nicht erst durch harte Arbeit verdienen, auch das ist nur eine Überzeugung. Man kann Geld, wahren Reichtum und Fülle »magnetisch« anziehen. Die Fülle an Geld, die in unser Leben fließt, ist immer ein Ausdruck unserer Wertschätzung.

Machen Sie sich einmal bewusst, welche Gefühle Ihre finanzielle Situation bei Ihnen auslöst. Die Heilung Ihrer finanziellen Situation erfolgt durch die Heilung Ihrer Lebenssituation.

Viele verdienen ihr Geld mit einer unliebsamen Tätigkeit, weil sie es sich nicht vorstellen können, mit Freude Geld zu verdienen. Viele Menschen sind in dem Programm aufgewachsen, dass man sich das Leben erkämpfen muss. »Erst die Arbeit, dann das Vergnügen.« Schon dieser Spruch zeigt, wie beschränkend Glaubenssätze und Überzeugungen sind und wie sehr sie uns manipulieren.

Es ist tatsächlich so. Wer viel Arbeit gewöhnt ist und plötzlich »nichts tut«, hat ein komisches Gefühl oder sogar ein schlechtes Gewissen. »Ich muss ja was tun.« Allein dieser Glaubenssatz scheint in uns allen sehr stark verankert zu sein. Revidieren Sie ihn, damit er nicht weiter auf Sie einwirkt und Sie davon abhält, all das zu haben, was Sie sich wünschen und was Ihnen auch zusteht.

Sie haben die Wahl!

Geld ist eine Art Vermittler und kommt, um einen Energiefluss auszugleichen. Es ist nichts anderes als ein Gegenwert seitens des Nehmenden, der dafür etwas erhalten hat.

Geld ist Energie. Als Tauschmittel ist es ein Wertträger. Geld als Wertträger ist eigentlich viel mehr als ein Stück Papier, nämlich ein Rohstoff. Doch seine Wertigkeit kann man nicht sicherstellen, auch wenn man es gern möchte.

In früheren Zeiten war Papiergeld eine Art Lagerschein. Man könnte sagen, es diente als Quittung für den hinterlegten Wert und konnte immer wieder zurückgetauscht werden. Heute besitzt Geld keinen direkten Gegenwert mehr.

Das hat einen einfachen Grund: Der tägliche Umgang mit Geld ist uns allen zur Gewohnheit geworden. So wie man nicht darüber nachdenkt, wie und warum Wasser aus dem Wasserhahn fließt, genauso wenig machen wir uns Gedanken über das Geld. Wir nutzen es fast täglich, wissen aber sehr wenig darüber. Geld ist zum Beispiel solange wertlos, bis wir uns etwas kaufen möchten. Geldscheine sind ja außer Energie nur ein Stück Papier, und ihr Wert entsteht durch die Gegenleistung für geleistete Arbeit oder für gelieferte Ware.

Obwohl Geld selbst schon wie eine Ware gehandelt wird, verbraucht es sich nicht. Es steht immer wieder für weitere Käufe zur Verfügung. Die Geldmenge spielt dabei eine untergeordnete Rolle, denn sie verändert nur den Wert zu einer Unze Gold oder Silber. Gold und Silber können nicht beliebig hergestellt werden, also gibt es hier keine Inflation. Es ist daher stets genügend Gold und Silber vorhanden, um als Währung zu dienen.

Früher brauchten die Menschen einen überall akzeptierten Wert, und nur Gold und Silber konnten alle Voraussetzungen optimal erfüllen. In der Geschichte der Menschheit gab es zwar die unterschiedlichsten Zahlungsmittel, aber nur Gold und Silber zwei haben die Jahrhunderte überdauert.

Fragen wir uns jetzt einmal, wie der individuelle Geldwert eigentlich »entsteht«. Und wie steht es mit Ihrem Geldfluss? Er ist unweigerlich mit einigen Faktoren verknüpft. Wenn folgende Punkte in Harmonie sind, dann wird das auch Ihre Resonanz zu Geld beschleunigen.

- Die eigene Wertigkeit
- Das Selbstbild
- Das jeweilige Wohlstandsbewusstsein
- Die individuelle Zielklarheit
- Die Konsequenz
- Ein Bewusstsein, das jeden Mangel ausschließt

- Gedankenstille und Einkehr
- Kann ich Geld sinnvoll investieren?
- Vermeide ich Schuldenfallen zuverlässig? (Oder sitze ich schon drin?)
- Habe ich meine Geld-Überzeugungen optimiert?

Beantworten Sie sich folgende Fragen:

- Lebe ich im Mangelbewusstsein?

- Worauf richte ich vorwiegend meine Aufmerksamkeit?

- Vertraue ich wirklich oder will und wünsche ich nur?

- Ist meine »energetische Signatur« auf Wohlstand ausgerichtet?

- Lebe ich als Gewinner?

- Kann ich meinen Wohlstand glauben?

- Hänge ich in alten Denkprogrammen fest?

- Fühle ich mich wert, Wohlstand zu erfahren?

- Treffe ich stets die richtigen Entscheidungen?

- Habe ich meine »Geld-Überzeugungen« optimiert?

- Will ich wirklich oder möchte ich bloß?

Wenn Sie sich diese Fragen beantworten, können Sie Ihre Schwachpunkte und Defizite erkennen. Denken Sie immer daran: Ihre finanzielle Situation ist ein vollkommener Ausdruck Ihres »Geld-Bewusstseins«.

Wer spirituell erwacht, »muss« nicht automatisch »wenig haben«, er entwickelt lediglich keine Bindung dazu.

Geld tritt aus einem Bewusstsein der Fülle im Außen wie folgt in Erscheinung:

- Dass ich in der natürlichen Fülle meines Daseins lebe.
- Dass sich auf allen Ebenen Wohlstand zeigt.
- Dass ich immer mehr Geld zur Verfügung habe, als ich grundlegend benötige.
- Dass ich mein Geld sinnvoll investiere und vermehre.
- Dass ich meine Fülle bejahe.
- Dass es für mich stimmt, im Wohlstand zu leben.
- Dass ich mein Geld schöpfungsgerecht einsetze.
- Damit ich mich ganz dem Wesentlichen im Leben widmen kann.

INFOBOX

Um unsere Ziele zu erreichen, brauchen wir nicht nur die nötige Energie, sondern auch Zeit. Aber geht es Ihnen nicht ebenfalls manchmal so, dass Sie meinen, zu wenig Zeit zu haben? Dann werden Sie jetzt vielleicht zunächst empört sein, wenn ich behaupte: »Wer sagt, er habe keine Zeit, der ist nicht aufrichtig!«

Jedem Menschen steht genauso viel und genauso wenig Zeit wie jedem anderen zur Verfügung, nämlich 24 Stunden am Tag, sieben Tage die Woche, 52 Wochen im Jahr. Es fehlt nicht die Zeit, es gibt nur unterschiedliche Prioritäten. Wer jeden Tag nur zwei Stunden fernsieht, hätte zwei Stunden mehr Zeit, etwas Sinnvolleres zu tun. Dies nur als kleines Beispiel, um Ihnen zu zeigen, dass Sie immer die Zeit hätten, wenn Sie sie wirklich sinnvoll nutzen wollen. Wir sollten also auch bei uns selbst erkennen: Wir haben die Zeit, aber meistens sind uns andere Dinge wichtiger, die notwendig oder sinnvoll erscheinen.

Richtig ist natürlich, dass Zeit nicht beliebig dehnbar ist. Zeit und Leistung sind nicht voneinander zu trennen, auch das ist korrekt. Wenn Sie es sich beispielsweise zum Ziel machen, 120.000 Euro im Jahr zu verdienen, müssten Sie in Ihrer beruflich aktiven Zeit einen Stundenlohn von 50 Euro pro Stunde erwirtschaften. Wenn das nicht möglich ist, wird es nötig sein, entweder das Ziel herabzusetzen oder produktiver zu werden.

Manche Menschen wollen Erfolg haben, aber eigentlich finden sie ihr jetziges Leben ganz bequem und strengen sich deshalb nicht besonders an. Andere gehen bis zum Äußersten auf ihrem Weg zum Ziel und ruinieren dabei ihre Gesundheit und ihr privates Glück. Beide Male ist der Energieeinsatz nicht optimal.

Finden Sie den Mittelweg, es wird sich lohnen!

DER KLEINE
BÖRSENFÜHRER

FÜR NEUEINSTEIGER UND INTERESSIERTE:

KLEINER EINBLICK IN DIE WELT DES AKTIENMARKTS

DIE GROSSEN DENKFEHLER AN DER BÖRSE

Es gibt immense Denkfehler an der Börse. Täglich werden dort unzählige Fehler gemacht und leider oft immer wieder dieselben. Das müsste nicht so sein, wenn wir bereit wären, aus unseren Fehlern zu lernen. Um sie nicht ebenfalls zu machen, werde ich sie Ihnen hier kurz aufzeigen, denn es ist besser, aus den Fehlern anderer zu lernen und diese Erkenntnisse für sich zu nutzen. **Sie brauchen nicht jeden Fehler selbst zu machen.** Es gibt genug Menschen, die uns zuvorkommen, und so können wir uns diesen Schritt ersparen.

Sobald wir bereit sind, aus unseren »Fehlern« – oder negativen Erfolgen – zu lernen, können wir sie ganz leicht vermeiden. Wir erkennen dann auch, dass »Fehler« gar keine Fehler sind, sondern nur Lernmöglichkeiten. »Fehler« sind nichts weiter als Hilfestellungen, die das Leben uns bietet, um leichter und schneller weiter zu kommen.

Es spielt keine Rolle, ob das die Partnerschaft, unsere Arbeitsstelle oder die Börse betrifft, es gilt überall dasselbe Lebensgesetz. Der wichtigste Schutz vor »negativen Erfolgen« – oder Fehlern – besteht darin zu überlegen, **wie wir sie vermeiden könnten, BEVOR wir sie machen.** Es gilt also, aus Fehlern zu lernen, die wir noch gar nicht gemacht haben.

- Der beste Weg, an der Börse Geld zu verdienen, besteht zunächst einmal darin, dafür zu sorgen, dass Sie möglichst wenig verlieren können. Das ist zu einem großen Teil von der Qualität unserer Informationen abhängig. Der Markt wäre zu 100 % vorhersagbar, wenn wir sämtliche und absolut zuverlässige Informationen hätten. Da dem nicht so ist, müssen wir uns in der Kunst üben, aus den fragmentarischen Informationen die für uns relevanten herauszufinden. Ich nenne es »Nugget-Picking«, den Wert einer Information mit einem Blick zu erfassen und sie sinnvoll zu nutzen.

- Wichtig ist auch die Erkenntnis, dass die Börse auf die zukünftigen Ereignisse reagiert, während wir meist auf die Gegenwart schauen. Machen Sie sich außerdem bewusst, dass die Börse ein Nullsummenspiel ist. Für jeden Gewinn gibt es auf der anderen Seite einen Verlierer. Geld geht an der Börse also nicht verloren, es wechselt nur den Besitzer. Aber wenn Sie zu oft auf der »Verliererseite« sind, ist es an der Zeit, Ihre Strategie zu überprüfen und sich nicht auf Pech oder einen unglücklichen Zufall zu berufen. Begrenzen Sie Ihre Verluste und lassen Sie Ihre Gewinne laufen. Einer meiner Grundsätze ist es, nicht immer zu früh zu verkaufen. Versuchen Sie Verluste »auszusitzen«.

Wenn Sie täglich aus Fehlern der anderen oder aus denen, die Sie noch gar nicht gemacht haben, lernen, werden Sie tatsächlich immer seltener Fehler machen, und so können Sie es gar nicht vermeiden, ein immer besserer Anleger zu werden und zu sein.

Zwei wichtige Hilfen auf diesem Weg sind:

- **Definition**
  Schaffen Sie sich absolute Klarheit darüber, was Sie genau wollen und mit welchen Schritten Sie es erreichen können. Und was wollen Sie tun, wenn es nicht so läuft, wie Sie sich das vorgestellt haben? Es gilt also nicht nur der Wunsch und die Absicht, sondern auch das eventuelle Ergebnis beziehungsweise Nicht-Ergebnis anzusehen und einzukalkulieren.

- **Zielklarheit**
  Setzen Sie sich ein klares Ziel, damit Sie erkennen können, wann Sie es erreicht haben oder wodurch Sie es verfehlt haben. Oder aber auch, wie Sie es doch noch erreichen können. Machen Sie es sich also zur Gewohnheit, in jedem Fall zu gewinnen. Leben Sie auf allen Ebenen als Gewinner. Nicht nur materiell, sondern auch geistig, seelisch und emotional.

Risiko bei Geldanlagen ...

... besteht praktisch nur, wenn man sich ungenügend mit der Thematik vertraut gemacht hat. Es kann zwar immer eine kleine »Delle« geben, aber keinen »Totalschaden«. Das heißt, kleinere Verluste sind möglich, und die kann man auch einkalkulieren.

Die Anfänger auf diesem Gebiet erwarten einen 100-prozentigen Gewinn. Wenn Sie einen Weg finden, um schnell und zuverlässig »reich« zu werden, dann ist die Börse nicht der richtige Spielplatz für Sie. Hier braucht man nicht nur das Know-how, sondern vor allem Geduld. Und wer die nicht hat, sollte Lottospielen, denn dabei weiß man bereits nach ein paar Tagen, ob man gewonnen hat oder auch nicht. Natürlich sind die Gewinnchancen bei dieser Art Spiel sehr gering.

Langfristige Anlagen, so wie Börsengeschäfte, sind nicht jedermanns Sache. Deshalb überprüfen Sie Ihre Einstellungen und Eigenschaften, wie Sie mit kleineren Verlusten und langen Wartezeiten umgehen, und entscheiden Sie sich erst danach dafür. **Da es bei Geldgeschäften den Weg des absolut sicheren Gewinns nicht gibt, endet jede Erwartung immer mit einer Enttäuschung.** Doch hier ist eine Falle versteckt: Was nicht 100 % sicher ist, wird sogleich fallen gelassen oder verworfen, selbst wenn es vielleicht genau der richtige Weg gewesen wäre.

Wenn Sie Erfolg haben wollen, müssen Sie lernen, Misserfolge nicht nur einzuplanen und zu verkraften, sondern daraus zu lernen, um sie als »Sprungbrett« zum Erfolg zu nutzen. **Verlieren gehört zum Gewinnen und ist meistens eine Vorstufe davon.** Wenn Sie nämlich aus JEDEM Fehler lernen, können Sie letztlich jedes Vorhaben zum Erfolg führen, ganz gleich, wie viele »Misserfolge« auf dem Weg schon er-folgt sind. Irgendwann erkennen Sie, dass es keinen Misserfolg gibt, denn es erfolgt immer genau das, was Sie verursacht haben, und wenn Sie die richtigen Ursachen setzen, erfolgen auch die gewünschten Wirkungen. **So wie die Saat ist, so wird die Ernte sein. Was auch immer Sie säen wird Früchte tragen. Aber auch keine Saat hat Folgen, vergessen Sie das nicht.**

- Begrenzen Sie Ihre Verluste, aber lassen Sie Ihre Erfolge weiterlaufen. Dazu gehört auch die Entscheidung, ob Sie ein Daytrader oder ein Longtrader sind. Das heißt, ob Sie die kleinen Tagesschwankungen nutzen wollen oder die größeren Wellen. Ebenso gehört dazu die Entscheidung, welchen Maßstab Sie nutzen. Ob Sie auf den Dax setzen, auf den Dow Jones oder auf Gold. Jeder hat seine eigenen Gesetzmäßigkeiten und seinen besonderen Charakter. Deshalb sollten Sie sich auf Ihren eigenen und ganz individuellen Weg konzentrieren, damit Sie ihn immer besser beherrschen.

- Auch Ihre Gewinnerwartungen werden Ihre Schritte bestimmen. Wenn Sie 10 % im Jahr anstreben, werden Sie sich anders entscheiden müssen, als wenn Sie 20 % oder 30 % erreichen wollen. Das ist unabhängig vom eingesetzten Kapital. Investieren ist kein Abenteuer, sondern eine Sache, bei der Sie verantwortungsbewusst und im Rahmen Ihrer Fähigkeiten vorgehen sollten. Dazu gehört auch das Wissen, dass es sehr zeitintensiv sein kann. Wie viel Zeit wollen Sie investieren? Als Daytrader brauchen Sie täglich mehrere Stunden. Als Longtrader reicht es durchwegs aus, nur einmal in der Woche nach dem Verlauf Ihrer Investition zu sehen. Ich bin ein »VERYLONG«-Trader und schaue nur einmal im Monat nach, ob eine Änderung erforderlich ist.

- Achten Sie auf Gefahrenzeichen. Wenn Sie keine bemerken, ist das bereits ein Gefahrenzeichen, denn jede Situation hat bestimmte Risiken, die Sie kennen und beherrschen sollten, sonst dürfen Sie die gar nicht erst eingehen. Wenn Sie nur den Empfehlungen eines Börsendienstes folgen oder dem, was Ihr Broker oder Anlageberater vorschlägt, wird sich Ihr Erfolg immer in Grenzen halten. Bringen Sie sich ein und werden Sie selbst zum Börsenprofi! Fragen Sie sich auch einmal, warum Ihr Anlageberater dieser Tätigkeit nachgeht, statt selbst ein erfolgreicher Investor zu sein. (Leben Sie *nicht* nach dem Motto: »Ich habe mir meine Meinung gebildet, verwirren Sie mich jetzt nicht mit Fakten.« Sie sollten aus der Vergangenheit lernen, denn diese neigt dazu, sich zu wiederholen, weil die Menschen ständig die gleichen Ursachen setzen.)

- Je extremer ein Ausschlag der Kurse in eine Richtung ist, desto größer wird die nachfolgende Korrektur sein. Die Börse reagiert auf Fakten, aber mehr noch auf Psychologie, denn es sind stets Menschen, die durch ihr Verhalten die Richtung vorgeben. Wenn Sie erkennen, dass eine Entscheidung falsch war, dann wird sie durch Abwarten nicht besser, sondern sollte korrigiert werden.

- Wenn Sie sich nach dem Lesen von »So werden Sie schnell reich«-Büchern sicher fühlen, ist auch das ein Gefahrenzeichen, das Sie vorsichtig machen sollte. Wäre es wirklich so einfach, wäre jeder reich. Bedenken Sie immer: Die Anleger orientieren sich an der Gegenwart, während die Börse sich an der Zukunft orientiert. Da stellt sich die Frage: »Gibt es überhaupt sichere Geldanlagen?« Kann man sein Geld so investieren, dass ein Verlust sicher vermieden und ein Gewinn erzielt werden kann? Welche Risiken gibt es eigentlich, auf die Sie als Anleger achten müssen?

1. **Das Zahlungsausfallrisiko**
   Das ist der Fall, wenn der Schuldner zahlungsunfähig ist. Das war lange bei den bekannten Namen fast ausgeschlossen, ist aber in der heutigen Zeit ein beachtlicher Risikofaktor.

2. **Das Zinsänderungsrisiko**
   Bei Anlagen in Renten ist das Zinsniveau entscheidend. Wenn es später Anleihen mit höherem Zins gibt, erwartet sie ein Kursabschlag.

3. **Das Währungsrisiko**
   Oft werden in anderen Währungen deutlich höhere Zinsen geboten, aber nur, weil das Risiko ebenfalls höher ist. Kommt es zu einem Kurseinbruch der Landeswährung, ist der scheinbare Zinsvorteil schnell weg und es droht ein Verlust.

Deshalb ist es wichtig und unumgänglich, dass Sie sich stets ein eigenes Urteil bilden und vor allem Folgendes beachten:

- Nutzen Sie die Fachkenntnisse der Experten, lassen Sie sich alles genau erklären und entscheiden Sie dann selbst, denn schließlich ist es *Ihr* Geld, das Sie investieren.
- Begrenzen Sie mögliche Verluste, aber lassen Sie Gewinne laufen. Nicht immer wird Ihre Anlage den erwarteten

Gewinn bringen, deshalb sollten Sie Verluste klein halten (vielleicht bei 10 %).

- Steigen Sie bei Gewinnen nicht zu früh aus, nur so werden Sie einen wirklich beachtlichen Erfolg haben.
- Lassen Sie Ihr Handeln weder von Angst noch von Gier bestimmen.
- Handeln Sie nicht gegen den Trend. Lernen Sie aus Ihren »Fehlern« und Verlusten.
- Analysieren Sie genau, was zum Verlust geführt hat, wodurch Sie die Situation vorher falsch eingeschätzt haben, und machen Sie es beim nächsten Mal besser.
- Machen Sie keinen Fehler zwei Mal, es gibt genug neue Möglichkeiten.
- Machen Sie jeden scheinbaren Misserfolg zum Sprungbrett für Ihren endgültigen Erfolg.
- Setzen Sie nie alles auf eine Karte und verfolgen Sie Ihre klare Linie und Strategie. Sie werden so ein immer besserer und erfolgreicherer Investor und ein Experte auf Ihrem Gebiet.
- Achten Sie vor allem auf den Trend, denn der führt Sie sicher zum Erfolg.
- Beachten Sie stets das richtige Timing. Es gibt immer einen optimalen Einstiegspunkt, aber mehrere ungünstige.
- Wägen Sie vor jedem Vorhaben Ertrag und Risiko ab. Ihre Erfolgschance sollte mindestens 70 % sein. Ich investiere nur bei 90 % Chance und 10 % Risiko. Dadurch habe ich natürlich nur ein paar Mal im Jahr eine Investitionsmöglichkeit, aber dafür ist der Erfolg fast sicher.
- Und natürlich spielt auch das »Kapital Zeit« eine große Rolle, denn mit der Zeit führt fast alles zum Erfolg.

INFOBOX

Eine US-Studie hat die Renditen ermittelt, die private Anleger tatsächlich erzielt haben, und zwar in Investmentfonds. In einem 12-Jahre-Zeitraum erzielten sie zwischen 98 und 114 % und in Rentenpapieren zwischen 131 und 162 %. Während der gleichen Zeit stieg der Index S & P 500 um 461 %. Sie hätten nur den Index nachzubilden brauchen und hätten dabei ihren Gewinn verdreifacht, ohne jede Mühe. Langweilig, aber erfolgreich.

Mit welcher Anlagestrategie fühlen Sie sich wohl?

Finden wir gemeinsam die passende Strategie für Ihre private Geldanlage, damit aus Ihrem Geld ein Vermögen wird.

Machen Sie sich bewusst, dass Sie Ihre individuelle Anlagestrategie brauchen, wenn Sie auf Dauer erfolgreich sein wollen.

Ich fasse noch einmal kurz zusammen: Sie brauchen Klarheit, was Sie von Ihrer Anlage erwarten und für welchen Zeitraum Sie die Anlage tätigen. Wenn Sie ein Daytrader sind, ist Ihre Auswahl anders, als wenn Sie Ihr Kapital für einige Monate anlegen. Sie werden wieder eine ganz andere Auswahl treffen, wenn Sie in Zeiträumen von einigen Jahren denken. Mein Anlagehorizont ist auf mindestens 3 bis 5 Jahre ausgerichtet, so dass ich nur einmal im Monat zu überprüfen brauche, ob eine Veränderung erforderlich ist.

Wenn Sie hohe Renditen erwarten, gleichzeitig aber nicht bereit sind, Risiken einzugehen, werden Sie kaum eine Anlagemöglichkeit finden. Konzentrieren Sie sich also nicht nur auf die möglichen Gewinne, sondern wägen Sie die Risiken sorgfältig ab. Entscheiden Sie dann, ob Sie bereit sind, diese auch einzugehen. Gewöhnen Sie sich an, immer nur auf Grund fundierter Informationen zu handeln, und legen Sie Ihr Kapital lediglich dort an, wo Sie die Situation wirklich verstehen. Dann werden Sie auch von kurzfristigen Turbulenzen am Markt nicht erschüttert.

Bereiten Sie Ihre Anlage mindestens so gründlich vor wie die Planung Ihres nächsten Urlaubs, den Kauf eines neuen Autos – oder am besten noch gründlicher als beides zusammen. Legen Sie Ihr Anlageziel konkret fest und lassen Sie sich auch von Ihren Gefühlen nicht davon abbringen. Viele wissen genau, was konkret zu tun wäre, aber sie tun es im entscheidenden Moment nicht.

Sie sollten sich mit Ihrer Anlage wirklich wohl fühlen, wenn Sie dauerhaften Erfolg haben wollen. Dazu brauchen Sie natürlich fundierte Grundkenntnisse, um eine Situation überhaupt kompetent beurteilen zu können. Auch die regelmäßige Kontrolle Ihrer Investition und Verlustbegrenzung ist unerlässlich. Das hängt allerdings von Ihrer Risikobereitschaft ab. Je höher eine Aktie steigt, desto größer ist die Gefahr eines Rückschlags. Sie brauchen daher auch den Mut zu Verlusten. Nicht jedes Engagement wird mit einem Gewinn enden, also begrenzen Sie einen möglichen Verlust.

Unterscheiden Sie zwischen einem zyklischen und einem antizyklischen Investitionsverhalten und behalten Sie den Trend im Auge. Der Trend ist Ihr Freund, aber nur, wenn Sie ihn genau beachten. Seien Sie bereit, notfalls Konsequenzen zu ziehen. Jede Investition braucht den Mut zum Risiko, aber ebenso seine Begrenzung auf ein akzeptables Maß. Verlustbegrenzung zeugt von weitsichtigem und klugem Anlageverhalten. Wenn Sie über Erfahrungen verfügen, heißt das auch, dass Sie Fehler gemacht haben und daraus gelernt haben.

Langfristige Investitionen sparen Ihnen Zeit und Geld. Es heißt nicht umsonst: »Hin und her macht Taschen leer.« Irgendwann sollten Sie Ihre Buchgewinne also in reale Gewinne umwandeln. Ziehen Sie einfach Ihre »Stoppuhr« immer höher mit und steigen Sie konsequent aus, wenn diese erreicht wird. Blockieren Sie Ihr Vermögen nicht, indem Sie zu lange in Verlusten hängen bleiben. Geben Sie nach einem Verlust Ihrem Kapital eine neue Chance.

Es ist sinnvoll und hilfreich, Ihre Investition nicht auf einmal zu tätigen, sondern zeitlich zu strecken. Wenn Sie alles auf einmal investieren, werden Sie jeden Preisanstieg euphorisch verfolgen, während Sie jeder Preisrückgang nervös macht und Zweifel auftauchen werden, ob Sie sich wirklich richtig entschieden haben. Wenn Sie Ihre Investition jedoch zeitlich strecken, sehen Sie jeden Preisanstieg als Bestätigung Ihrer Investition und jeden Preisrückgang als weitere Kaufgelegenheit. So können sie viel entspannter mit jedem Verlauf umgehen.

Wenn Sie versuchen zu traden, werden Sie vermutlich nicht den optimalen Erfolg haben, weil man nie genau weiß, wann der Kurs nur mal kurz zurückgeht, um dann wieder nach oben zu expandieren. Wenn Sie einen Trend optimal nutzen wollen, sollten Sie einsteigen, sobald Sie ihn erkannt haben, und dabei bleiben, bis er sich erfüllt hat. 1m Fall von Silber und Gold kann es Jahre dauern, bis es zum finalen Anstieg kommt. Steigen Sie daher auch nicht zu früh aus. Diejenigen, die das große Geld machen, steigen frühzeitig ein und bleiben bis zum Ende dabei. Dazu brauchen sie Geduld und Nerven, denn oft ist es anstrengender, nichts zu tun, als zu handeln. Das ist der Grund, warum Spekulanten auch in einem großen Bullenmarkt selten richtig Geld machen. *Handeln Sie klüger!*

Das große Geld wird nicht mit Daytrading gemacht, sondern mit der richtigen strategischen Entscheidung.

Hätte man Anfang der Siebziger eine Unze Gold für 45 Dollar gekauft und 1982 mit dieser einen Unze die gesamte Liste der DOW-Aktien, hätte man sie 2006 für 14.000 Dollar verkaufen können. Aus 45 Dollar wären so 14.000 Dollar geworden. Doch wer hätte das gedacht? Niemand hatte es wissen können.

Konzentrieren Sie sich nicht auf das »wäre wenn«, sondern auf das, was »jetzt ist«, und bleiben Sie realistisch, ausdauernd und wach. Alles andere wird sich weisen.

Die besten Aktien-Anlage-Strategien

Ich habe im Laufe meines Lebens unzählige Anlagestrategien ausprobiert und wieder verworfen. Mit der folgenden aber können Sie sogar Profis übertreffen. Dabei ist sie logisch, ganz einfach, und Sie brauchen sie nur einmal im Jahr für eine halbe Stunde zu überprüfen und gegebenenfalls umschichten. Und so gehen Sie vor:

Wählen Sie aus Ihrem Anlagegebiet die Aktien mit den höchsten Dividenden. Davon wählen Sie die mit den höchsten Kursgewinnen in den letzten 10 Jahren. Davon wählen Sie die, die sich in dieser Zeit am schnellsten von Rückschlagen erholt hat. Und genau diese Aktie kaufen Sie dann, wenn sie gerade in Ungnade gefallen ist, das heißt, wenn der Kurs gerade unten ist. Das ist auch schon alles.

Es genügt, wenn Sie einmal im Jahr prüfen, ob sie noch alle Kriterien erfüllen. Von 10 Aktien werden Sie 3 bis 4 Aktien in bessere tauschen können, und dann haben Sie wieder ein Jahr frei. Erstaunlicherweise übertreffen Sie so nicht nur den Index, sondern meist auch die Ergebnisse der Experten und Anlageberater. Es macht Freude, Profis auf ihrem eigenen Spezialgebiet zu übertreffen. Das Ergebnis waren bisher stets zweistellige Renditen, bei minimalem Risiko. Diese Strategie hat außerdem noch den Vorteil, dass Sie von allen gefühlsmäßigen Entscheidungen befreit auswählen und nach objektiven Kriterien die besten Aktien aussuchen, die sich nach normalen Kurskorrekturen auch noch besonders schnell erholen. So wird aus Ihren Ersparnissen ein Vermögen und aus Ihrem Vermögen Reichtum. Um ein erfolgreicher Investor zu sein, ist es wichtig, Vermögenswerte unter ihrem inneren Wert zu kaufen. Und es ist kein Geheimnis mehr, dass Silber wohl zum wichtigsten Investment unserer Zeit werden wird.

Welcher Anlegertyp sind Sie?

Machen Sie sich bewusst, dass nicht jede Anlage für jeden richtig ist. Wichtig ist dabei immer, welches Risiko derjenige bereit ist zu tragen. Aber auch der Anlagezeitraum spielt eine Rolle. Wenn Sie Geld nur für ein paar Monate anlegen wollen, sollten Sie andere Anlagemöglichkeiten wählen, als wenn Ihr Anlagehorizont einige Jahre oder gar Jahrzehnte umfasst, wie beispielsweise im Fall der Altersvorsorge. Dann spielt natürlich auch die Höhe des Anlagekapitals eine Rolle. Je höher dieses Kapital ist, desto größer sollte die Sorgfalt sein, mit der die Anlage geprüft wird. Der Anlagezeitraum entscheidet, wie weit das »Kapital Zeit« wirksam wird. Bei einer 10-prozentigen Verzinsung – und das sollte das Minimum sein, was Sie erreichen, wenn Sie nicht in Festgeld und Sparbuch denken – verdoppelt sich das Kapital in etwa 7 Jahren. In den zweiten 7

Jahren vervierfacht es sich bereits und so weiter. Nutzen Sie also das »Kapital Zeit« optimal, um aus Ihren Ersparnissen ein Vermögen und aus Ihrem Vermögen finanzielle Freiheit zu schaffen.

Die Macht der Zyklen nutzen

Das Wort Zyklus stammt aus dem Griechischen; »kyklos« heißt so viel wie Kreis, bedeutet also eine in sich abgeschlossene Bewegung. Im Gegensatz zum Rhythmus, der eine genau festgelegte Zeit für eine Wiederholung braucht, kann ein Zyklus durch äußere Umstände verkürzt oder verlängert werden. Denken Sie nur an den bekannten Zyklus der vier Jahreszeiten. Der Winter kann länger dauern oder besonders früh dem Frühling weichen. Der Frühling kann sehr kurz sein und früh in einen Sommer übergehen. Der Sommer kann ein früher Herbst sein, und der Winter kann früh oder auch spät beginnen. Wie auch immer es sein mag, die vier Jahreszeiten sind als Zyklen immer klar zu erkennen.

Ein Zyklus wird durch drei Parameter definiert:

Bei den drei Parametern handelt es sich um die Periodenlänge, also die Zeitdauer zwischen den Wellentälern und Höhen, die Amplitudenhöhe, das ist die maximale Höhe vom Wellental bis zum Wellenkamm, und die Phase der Anzahl der Perioden. Dem Ganzen liegt der Trend zugrunde, der die Grundlinie bildet. Durch äußere Einflüsse, vor allem durch den Trend, können sich die erwarteten Hoch- und Tiefpunkte verschieben, verspäten oder auch früher auftreten. Sind mehrere Zyklen bekannt, ergibt sich eine erwartete Kursbewegung durch die Summation, die Addition der einzelnen Bewegungen.

Zyklen begleiten uns durch unser Leben. Wir kennen den Zyklus des Sonnenaufgangs und Sonnenuntergangs, den Wechsel der Mondphasen und die Jahreszeiten, die einen großen Einfluss auf das Leben der Menschen haben. So kommt es im September und Oktober, bedingt durch die hohe Nachfrage beim Heizöl, zu einem saisonalen Preishoch, während es in den Monaten Juni und Juli zu einem Preistief kommt.

Wichtig für eine zutreffende Voraussage ist die Kenntnis der dominanten Zyklen, die für die Bewegung verantwortlich sind. Hier wird die Anwendung der Zyklen-Analyse zur Kunst, die viel Erfahrung voraussetzt. Aber nur wer die Vergangenheit kennt, kann die Gegenwart meistern und die Zukunft planen. So kann die Zyklen-Analyse eine wertvolle Orientierungshilfe sein, die die momentane Situation und den weiteren Verlauf wie auf einer Landkarte aufzeigt und die bevorstehende Wegstrecke beschreibt.

Kontrollieren Sie deshalb bei Ihren Aktien stets den Gesamtzyklus. Einmal über eine kurze Zeit und einmal über eine längere Zeit hinweg. Nur so können Sie sich ein genaues und aufschlussreiches Bild machen, das Sie zielsicher zum Erfolg führen wird.

So investieren Sie erfolgreich

Es gibt eine einfache Regel, die auch jedem Anfänger sofort einleuchtet, und diese Regel möchte wohl jeder beachten. Zumindest nimmt er es sich so vor. In der Praxis zeigt sich dann, dass die Regel zwar einfach, aber anscheinend gar nicht so leicht zu befolgen ist.

Die Regel lautet: »Begrenzen Sie Ihre Verluste, aber lassen Sie die Gewinne laufen.«

Das klingt logisch und ist eigentlich auch selbstverständlich. Wenn Sie Ihre Gewinne zum Beispiel bei 20 % begrenzen, aber im Extremfall ein Verlustrisiko von 100 % haben, dann steht das Gewinn-Verlust-Verhältnis bei 1 zu 5. Das sollten Sie umkehren. Halten Sie sich strikt an Ihre Regel, eine Aktie oder ein Investment bei einem Verlust von 20 % zu verkaufen, aber auch im Gewinnfall. Das heißt, Sie bleiben investiert, bis Sie vom Höchststand 20 % verloren haben. Sie erreichen so immer 80 % vom Höchstgewinn. Machen Sie sich bewusst, dass niemand immer zum niedrigsten Kurs kaufen und zum Höchstkurs verkaufen kann, das »gelingt« nur Lügnern. So können Sie auf

Nummer sicher gehen, dass Sie jeden Trend »erwischen« und zielsicher nutzen.

Wenn Sie etwas mehr Erfahrung haben, können Sie bei einem guten Gewinn auch 50 % verkaufen und die anderen 50 % weiterlaufen lassen, und wenn Sie mit dem Zusatzgewinn zufrieden sind, verkaufen Sie wieder 50 % und bleiben mit einem Teil weiter investiert, bis der Trend endet und Sie 20 % Verlust vom Höchststand erreicht haben. Dann trifft der Verlust nur noch einen kleineren Teil Ihrer Investition.

Die Börse ist kein Pokerspiel, sondern ein Spiel mit Wahrscheinlichkeiten. Sorgen Sie dafür, dass die Wahrscheinlichkeit auf Ihrer Seite ist, indem Sie diese erprobten und wertvollen Tipps befolgen. Sie werden zwar auch so nicht in jedem Fall gewinnen, aber der größere Teil Ihrer Investitionen wird erfolgreich sein, vor allem weil die Verluste klein bleiben, die Gewinne aber deutlich größer sind. Vor allem vermeiden Sie so die schmerzhafte Erfahrung, bei einer Fehlinvestition alles zu verlieren.

Die Regel ist leicht zu verstehen. Sie ist absolut logisch und Sie brauchen sich nur konsequent daran zu halten, dann wird Ihnen der Erfolg sicher sein. Sagen Sie bitte nicht, dass das eine Binsenweisheit ist. Sie mögen damit zwar Recht haben, aber auch in einer Binsenweisheit steckt Weisheit, und der sollten Sie bei allem, was Sie tun, folgen. Dann werden die anderen Sie um Ihren Erfolg beneiden und glauben, Sie hatten einfach Glück. In Wirklichkeit ist es Ihre Disziplin und Konsequenz, die den Erfolg bringt.

In der Panik sollten Sie kaufen und in der Euphorie verkaufen. Die meisten kaufen jedoch in der Euphorie und verkaufen in der Panik. Das Timing stimmt, sie wählen nur die falsche Richtung, und das gleich zwei Mal. Nehmen Sie es humorvoll, und denken Sie daran, dass man zwar sagt, der frühe Vogel fängt den Wurm, aber auch, dass erst die zweite Maus den Käse bekommt!

Und wenn wir schon beim Humor sind ...

Die 9 Gedankenfehler des »normalen« Anlegers

Sobald der Kurs steigt:
»Juhu, der Kurs steigt!«

Wenn er noch mehr ansteigt:
»Jetzt steig ich ein. Ein sicherer Aufwärtstrend mit sicherem Gewinn!«

Wenn er kurz absinkt:
»Prima Gelegenheit, jetzt kaufe ich noch nach!«

Wenn er ziemlich tief gesunken ist:
»Wieso sagen die Aufsichtsbehörden nichts dazu?«

Wenn er noch tiefer sinkt:
»Ich zieh die Notbremse. Jetzt ist Ende! Ich verkaufe alles!«

Wenn er ganz unten ist:
»Gottseidank habe ich die Position verkauft!«

Wenn er wieder ansteigt:
»Wartet nur, das ist Strohfeuer. Das Teil stürzt weiter ab.«

Und dann wieder sinkt:
»Ha, ich hab es vorausgesagt: Es stürzt in den Keller!«

Wenn der Kurs rapide nach oben geht:
»Was soll das? Ich sag euch, die Aktie stürzt wieder ab!«

WAS ICH IHNEN EMPFEHLE ...

Gerne nenne ich Ihnen hier einige Anlage-Highlights, die zu meinen persönlichen Favoriten gehören:

Kobalt

- Formation Capital Corp. (FCO.TO) – die einzige bedeutsame produzierende Mine in Nordamerika
- Geovic Inc. (GMC.V) – Exploration und Abbau der wohl weltgrößten Lagerstätte außerhalb Chinas in Kamerun

Wolfram

- North American Tungsten Corp. Ltd. (NTC.V) – einzige, aber bereits relativ ausgebeutete Wolfram-Mine (Wolfram = Tungsten) in Nordamerika
- Playfair Mining Ltd. (PLY.V) – große Lagerstätte im Explorationsstadium in Nordamerika

Ruthenium

- Lonmin und andere Platin-Gruppen-Metall-Produzenten (bei Lonmin ist der Anteil des Rutheniums am höchsten)

Tantal

- Commerce Resources Corp. (CCE.V) – große und wohl auch einzige nordamerikanische Lagerstätte für Tantal und Niobium
- Gippsland Ltd. (GIP) – riesige Tantal-Feldspat- und Zinnlagerstätte am Roten Meer in Ägypten

Seltene Erden

- Lynas Corporation Ltd. (LYC) – größte Lagerstätte außerhalb Chinas in Westaustralien
- Arafura Resources NL (ARU) – Nolans Bore ist nach Mt. Weld der zweitgrößte Standort außerhalb Chinas
- Great Western Minerals Group Ltd. (GWG) – große Lagerstätte in Kanada
- Navigator Resources Ltd (NAV) – »Erbe« von Goldminen aus der Insolvenz der Sons of Gwalia, aber auch Lagerstätte »Cummins« in Westaustralien mit nennenswertem Bestand an seltenen Erden

Aber ich verfolge auch:

- Molybdän, Uran, Rhodium, Ölsand, Canada, Wasser, Germanium, Indium, Iridium, Osmium, Rhodium

Ebenfalls interessant sind:

- Immobilien, Ackerland, Kunst, Antiquitäten, Baugrundstücke, Oldtimer, Briefmarken, Sammleruhren

Und an seltenen Erden:

- Lanthan Scandium, Yttrium, Lanthanoide Cer, Praseodym, Neodym, Promethium, Samarium, Europium, Gadolinium, Terbium, Dysprosium, Holmium, Erbium, Thulium, Ytterbium, Lutetium

Folgende Technologien benötigen zwingend die nachstehend genannten Metalle und Minerale:

Brennstoffzellen

- Platin, Palladium, Seltene Erden

Hybridfahrzeuge

- Kobalt, Samarium für Permanentmagnete
- Seltene Erden für Neodym-Hochleistungsmagnete
- Silber für neue Elektromotorengenerationen

Kohleumwandlung

- Platin, Palladium als Katalysatoren
- Seltene Erden für die Verflüssigungsabläufe
- Indium als Prozessor
- Wolfram für die Stahlhardware

Energiespeicherung

- Batteriesysteme Zinc/Air: Zink, Tantal
- Kondensatoren: Tantal, Ruthenium
- Batterie-Weiterentwicklungen: Kadmium

Alternative Energien

- Silizium für Solarzellen
- Silber für Solarzellen und Energiesammlung/ Weiterleitung
- Silber und Gold für Hochleistungsspiegel

Energieeinsparung

- Neue Leuchtstoffmittel wie LED, LCD, OLEO: Seltene Erden
- Neue Kühltechnologie: Seltene Erden

Umweltschutz, Abgas

- Platin, Palladium, Gold, Seltene Erden

Nanotechnologie

- Silber, Seltene Erden

IN »SELTENE ERDEN« INVESTIEREN

Wenn Sie sich in dieser Zeit mit erfolgreichem Investieren befassen, dann kommen Sie an dem Thema »Seltene Erden« nicht vorbei. Es ist eine der interessantesten Investitionsmöglichkeiten dieser Zeit, und das wohl noch für einige Jahre.

Seltene Erden sind genaugenommen gar nicht so selten, aber sie kommen in anbaufähiger Konzentration selten vor und konzentrieren sich auf wenige Punkte der Erde, wobei die häufigsten Vorkommen in China sind. Das hat dazu geführt, dass China praktisch eine Monopolstellung für Seltene Erden hat. Natürlich bedeutet das auch eine entsprechende Machtkonzentration, denn Seltene Erden sind für die unterschiedlichsten Prozesse einfach unverzichtbar und praktisch durch nichts anderes zu ersetzen. Früher wurden die meisten Seltenen Erden in Indien und Brasilien abgebaut. Auch Südafrika und Kalifornien waren große Produzenten, bis China etwa 97 % der Weltproduktion auf sich vereinigte.

Die Interessanteste der Seltenen Erden ist Silber, obwohl es kaum von jemandem dazu gerechnet wird. Silber wird wie viele Seltene Erden in Verbindung mit anderen Mineralien abgebaut, und stets konzentrieren sich die Minengesellschaften auf Projekte, die günstige Förderbedingungen haben. Allerdings werden die in absehbarer Zeit leider erschöpft sein, so dass die Förderung immer aufwendiger und damit teurer wird. Silber hat – wie alle Seltenen Erden – Eigenschaften, die sich nur schwer durch andere Substanzen ersetzen lassen. Und wie bei den Seltenen Erden wird Silber »verbraucht«, weil ein Recycling mit zu hohen Kosten verbunden wäre. Außerdem werden ständig neue Anwendungsmöglichkeiten für Silber entdeckt, so dass immer mehr benötigt wird, während immer weniger zur Verfügung steht. Dadurch wird der Preis in naher Zukunft förmlich explodieren. Dieses Wissen ist für einen vorausschauenden Investor eine einmalige Situation und Chance.

Interessanterweise kommt hinzu, dass man Silber nicht nur leicht physisch erwerben und einfach lagern kann, es ist auch jederzeit ganz einfach zu verkaufen. Versuchen Sie einmal ein Kilo der anderen Seltenen Erden physisch zu kaufen und vor allem wieder zu verkaufen. Wenn Sie beispielsweise in Uran investieren, dann ist es nicht gerade empfehlenswert, sich das physisch unter das Kopfkissen zu legen, sonst haben Sie eine »strahlende Zukunft« vor sich. Diese Schwierigkeiten gibt es beim Silber nicht. Und beeindruckend ist auch die Doppelfunktion des Silbers als Industriemetall und überall akzeptiertes Geld.

Schon in naher Zukunft wird ein Ansturm auf Silber zu erwarten sein, so dass Silber für eine erfolgreiche Investition bestens geeignet ist. Interessant ist außerdem sein Verhältnis zu Gold. In der Erde kommt Silber etwa acht Mal häufiger vor als Gold, weshalb es eigentlich acht Mal preiswerter sein müsste. Tatsächlich liegt das Verhältnis aber derzeit [2011] bei 1 zu 45, so dass auch hier noch ein hohes

Aufholpotenzial gegeben ist. Wenn Sie davon ausgehen, dass der Wert von Gold sich mit den Jahren verzehnfachen dürfte, dann müsste Silber sich verdreißigfachen. Ein Grund mehr, in physisches Silber zu investieren.

Silber ist in den vergangenen Jahren das interessanteste Investment gewesen und dürfte es auch noch viele Jahre bleiben. Die »Goldenen Zeiten« des Silbers liegen sogar noch vor uns. Vor etwa 10 Jahren interessierte sich noch niemand für Silber, und auch »Seltene Erden« waren weitgehend unbekannt. Heute sind es die interessantesten Investitionsmöglichkeiten für einen erfolgreichen Investor. Eine Gelegenheit, wie sie in einer Generation nur einmal vorkommt. Kaum jemandem ist bewusst, dass es richtig betrachtet sehr viel mehr Gold gibt als Silber, weil Gold gehortet wird, während Silber verbraucht wurde. Da Silber aber auch eine monetäre Funktion hat, ist es gleichzeitig ein Wertspeicher und eine Absicherung gegen die zu erwartende Inflation. Silber wird daher immer weiter im Wert steigen, solange es nicht künstlich hergestellt werden kann.

Außerdem ist physisch gekauftes Silber ein anonymes Vermögen, was in unsicheren Zeiten ein nicht zu unterschätzender Vorteil sein kann. Registriertes Gold, das Sie rechtmäßig erworben haben, bleibt nämlich immer Staatseigentum, das sollten sie nicht vergessen. Ein registrierter Kauf gehört Ihnen nur, »solange« der Staat keinen Einspruch erhebt. Das könnte er aber in äußersten Extremsituationen. Wie viel Gold Sie auch immer kaufen, es gehört Ihnen niemals wirklich, weil Sie unregistriertes Gold nicht käuflich erwerben können. Das ist durchaus geschickt ausgedacht von der herrschenden Weltmacht.

Es ist schon paradox, dass das seltenere Silber billiger ist als das reichlich vorhandene Gold. 3000 Jahre Goldförderung haben überirdisch ein gewaltiges Goldlager geschaffen, das sich ständig vergrößert, während die Silbervorräte laufend weiter abnehmen. Der Welt geht in Kürze das Silber aus, denn es wird ständig mehr abgebaut, als neue Reserven gefunden werden. Aber es geht hier nur um physisches Silber. Zertifikate sind keine Alternative.

Eine solche Chance, bei der einfach alles stimmt, haben Sie vielleicht nur einmal im Leben. Nutzen Sie sie, denn wenn *Sie* es nicht tun, tun es andere.

Traden nach »Kanal« und »Trend«

Ich möchte hier etwas tiefer in die Materie eintauchen, damit Sie mit der Thematik vertraut werden und ein Gefühl für Ausdrücke und Vorgehensweise bekommen.

Gold ist ein gutes Beispiel für die zwei Grundsituationen an der Börse.

Die Normalsituation ist ...

... dass sich der Chart innerhalb eines »Kanals« um eine innere Achse bewegt, ich nenne sie »Seele«.

Wenn sich der Chart an der unteren Grenze des Kanals befindet, setzen Sie darauf, dass er nach oben geht, und wenn er sich an der oberen Grenze befindet, setzen Sie darauf, dass er sich nach unten bewegt. Durchbricht er die Grenze des Kanals nach oben oder unten, entsteht ein Trend, und Sie folgen dem Trend, solange er anhält. Mitunter geht der Trend in eine Exponentialkurve über, und sobald er dabei eine »Fahnenstange« bildet, ist erhöhte Vorsicht geboten. Ist die »Fahnenstange« ausreichend hoch, verkaufe ich die Hälfte meiner Investition und sichere so den erreichten Gewinn. Steigt sie weiter, verkaufe ich wieder die Hälfte der verbliebenen Investition und sichere so den höheren Gewinn. Steigt sie noch weiter, dann wiederhole ich das und kann so nicht mehr verlieren. Fällt der Chart, steige ich mit dem Rest aus und habe auch damit noch einen beachtlichen Gewinn realisiert.

Ganz gleich, wie es sich entwickelt, ich bin dabei!

Wenn ich nach »Kanal und Seele« setze, setze ich nur von der Kanalgrenze bis zur Seele, bei steigendem Trend also von der oberen Kanalgrenze nach unten, bis zur Seele, bei fallendem Trend und von der unteren Kanalgrenze nach oben bis zur Seele. Sobald die Kanalgrenze signifikant durchbrochen wird, folge ich dem Trend. Ich folge dabei dem »gleitenden Durchschnitt« der letzten 10 Tage, um die kleinen Schwankungen unbeachtet zu lassen, und damit »fahre ich gut«.

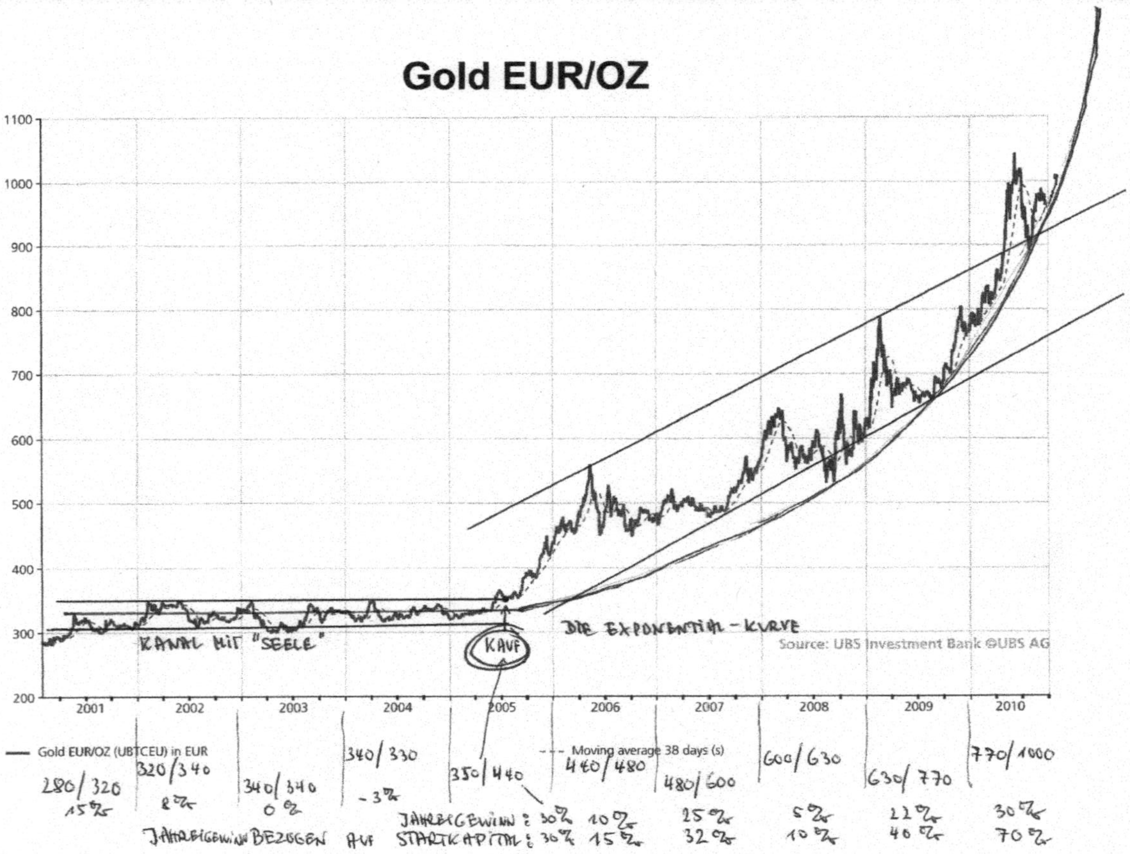
Gold EUR/OZ
1100
1000
900
800
700
600
500
400
300
200
2001
2002
2003
2004
2005
2006
2007
2008
2009
2010
KANAL MIT "SEELE"
KAUF
DIE EXPONENTIAL-KURVE
Source: UBS Investment Bank ©UBS AG
Gold EUR/OZ (UBTCEU) in EUR
Moving average 38 days (s)
280/320
320/340
340/340
340/330
350/440
440/480
480/600
600/630
630/770
770/1000
15 %
8 %
0 %
-3 %
JAHRESGEWINN: 30 %
10 %
25 %
5 %
22 %
30 %
JAHRESGEWINN BEZOGEN AUF STARTKAPITAL: 30 %
15 %
32 %
10 %
40 %
70 %

Silver EUR/OZ

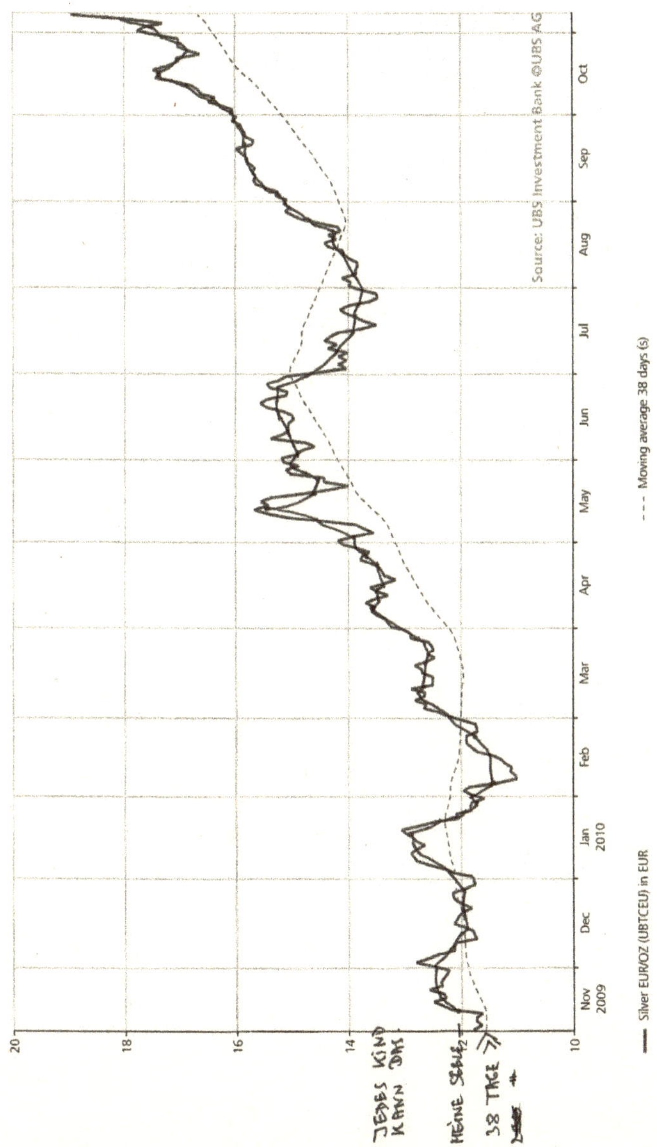

"KAMM" + "SEELE"

KAMM + SEELE

Gold EUR/OZ

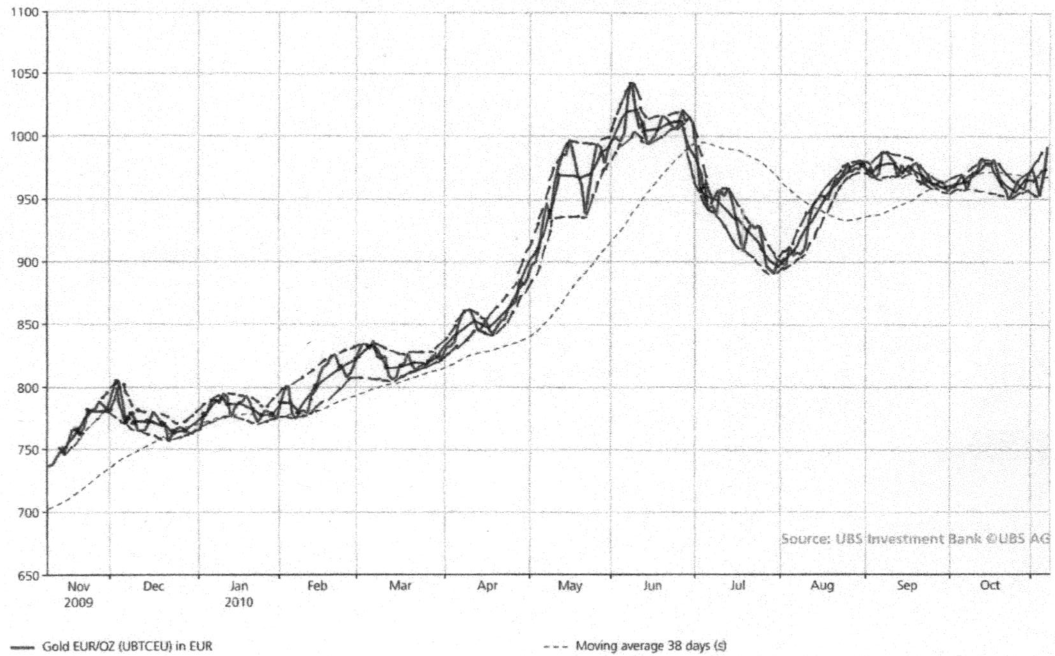

KLEINER EINBLICK
IN DIE WELT DER BÖRSE

NAZILA JAFARI, EINE FRAU MIT DEM RICHTIGEN »GESPÜR« FÜR BEWUSSTSEIN, ZAHLEN UND GELD

Auch an der Börse gibt es Spitzenkönner, die über Jahre hinweg in einem fast unglaublichen Maß erfolgreich sind. Natürlich haben selbst sie nicht in jedem einzelnen Fall Recht, aber sie haben ein Gespür dafür entwickelt, wann eine Investition abzubrechen ist, und beenden ihr Vorhaben dann mit einem kleinen Verlust. Sie haben ein zuverlässiges System, das sich über viele Jahre bewährt hat und an das sie sich konsequent halten, das sie aber auch ständig verbessern. Sie haben ihre Fähigkeit der Intuition so weit entwickelt, dass sie erkennen können, wenn eine Sache besser nicht weiter verfolgt werden sollte, selbst wenn die Fakten dafür sprechen. Von solchen Profis können wir lernen.

Dieses Know-how ist gar nicht so schwierig, wie man zunächst vermutet. Es ist sogar erheblich einfacher, als Sie vielleicht denken, und viele Profis geben ihr Wissen an einen kleinen Kreis Interessierter weiter oder veröffentlichen ihre Strategie in einem Buch. Lesen Sie hier exklusiv, was eine solche Spitzentraderin zu sagen hat.

Ihr Name ist Nazila Jafari. Schon als Kind entwickelte sie ein Gefühl für Zahlen und Zusammenhänge und beschäftigte sich mit diesen Dingen voll Faszination und Begeisterung. Im Laufe der Jahre erkannte sie die Gesetzmäßigkeiten der Börse und entwickelte daraus über viele Jahre ein Erfolgssystem. Spitzenkönner aus aller Welt kommen zu ihr, um das eigene Wissen um diese Gesetzmäßigkeiten zu erweitern und zu perfektionieren.

Auch wenn es nicht so scheinen mag, es gibt keinen »Zufall«. Alles gehorcht inneren Gesetzen, die nur für viele unsichtbar bleiben. Sobald diese Gesetzmäßigkeit erkannt und konsequent genutzt wird, ist der Weg frei auf der »Straße des Erfolgs«. Seien Sie gespannt, was Ihnen ein solcher Profi zum Thema Börse, Geld und Anlagen zu sagen hat!

1. Wie alles begann

Schon als Kind war ich vom Handel und der Börse fasziniert. Wenn mir zahlenkombinatorische Aufgaben gestellt wurden, habe ich die Welt um mich herum komplett vergessen und die Aufgaben fast immer mit Leichtigkeit gemeistert. Bereits im Alter von acht Jahren habe ich mich für den Handel mit Währungen und Edelmetallen begeistert, deren Preisbildungen verfolgt und sie anhand von Charts aufgezeichnet. Dank meines Großvaters und ersten Mentors in meinem Leben durfte ich sogar in kleinen Mengen physisch handeln.

Meine Leidenschaft zu den Zahlen und für das Handeln hat mich immer mehr mit der Börse verbunden. Dort konnte ich schließlich beobachten, dass sich gewisse Muster und

Bewegungen scheinbar immer wiederholen. Mein Talent und meine Begeisterung für die Kombinatorik brachten mich sehr schnell auf die Idee, dass hier eine Ordnung in den Märkten herrschen muss. Gefesselt und angetrieben von dem Gedanken, diese Ordnung profitabel in einer Handelsmethode nutzen zu können, habe ich jahrelang Zahlenmaterial aufgearbeitet, aufgrund der von mir beobachteten Ordnung nach einer Systematik zwischen diesen Zahlen gesucht, meine Feststellungen aufgeschrieben und schließlich zu Regeln zusammengefasst.

Obwohl meine Zahlen, meine Systematik und mein Regelwerk eine wichtige Rolle spielten, erreichte ich irgendwann einen Punkt, an dem ich nicht mehr wirklich weiter kam. Damals hatte ich mich überhaupt noch nicht mit meiner eigenen Psychologie beim Traden beschäftigt. So musste ich schließlich erkennen, dass sich meine Emotionen ungünstig auf mein Handeln und damit auf meine Ergebnisse auswirkten. Doch mein Ehrgeiz hat mich nicht ruhen lassen und ständig weiter angetrieben. Ich habe seinerzeit nach den besten Lehrern gesucht. Leider haben die sogenannten Börsencoachs, die ich kennen lernen durfte, alle selbst keine Ahnung gehabt und glaubten an »Tatsachen«, die für mich schon längst überholt waren, wie beispielsweise, dass Börsenkurse rein zufällig zustande kommen.

Da ich nach wie vor fest von meinem System überzeugt war, fragte ich mich, wonach ich eigentlich noch suchen sollte. Aufgrund emotionaler Einflüsse blieben meine Ergebnisse zu jener Zeit allerdings weit hinter dem zurück, was nach meiner Handelsmethode möglich war. Wenn ich mich weiter verbessern wollte, blieb mir nichts anderes übrig, als mich um meine Emotionen zu kümmern und mir derer bewusst zu werden.

Schließlich traf ich jemanden, der mich persönlich sehr inspiriert hat. Dieser Mensch behauptete für mich damals Erstaunliches, nämlich dass nicht nur die Börsenkurse, sondern das Leben generell einer Ordnung und Systematik unterliege. Anfangs war ich skeptisch und habe erst einmal nur zugehört. Obgleich ich nicht alles verstand und zunächst nicht in allem einen Sinn erkennen konnte, habe ich diesem Menschen mein Vertrauen geschenkt und die Dinge, die er mir geraten hat zu tun, oft gegen meinen Verstand getan. Mein Mentor lehrte mich unter anderem, dass wir niemandem glauben, sondern uns selbst überzeugen sollten. Nach den ersten Verbesserungen in meinem Handeln an der Börse konnte ich nicht mehr aufhören und habe das Wissen von meinem »Meister« regelrecht aufgesogen.

Zu meiner vollkommenen Verblüffung konnte ich solche Gesetzmäßigkeiten, die er mir immer wieder an Hand zahlreicher Beispiele aus dem Leben aufgezeigt hatte, tatsächlich in den Kursen und Bewegungen an der Börse wiederfinden. Nach umfassenden empirischen Bestätigungen und Auswertungen habe ich meine neuen Erkenntnisse in einem festen Regelwerk manifestiert und meine Handelsmethode hiernach laufend weiter verbessert. Dieses Wissen hat mein Handeln stetig weiter positiv beeinflusst und ist längst ein wesentlicher Bestandteil meines Systems geworden.

Später hat mich mein Mentor dann aufgefordert, mein Wissen an andere weiterzugeben. Ich hatte zunächst völlig andere Ziele, doch er meinte voller Überzeugung: »Du kannst nur dann eine Meisterin deines Fachs werden, wenn du in der Lage bist, Fragen zu dem, was du tust, zu beantworten und deine Antworten anderen vorzuleben.« Ich konnte ihm bis dahin voll und ganz vertrauen und habe seine Ratschläge so gut es ging befolgt.

So entschloss ich mich dazu, andere Trader zu coachen. Glücklicherweise konnte ich zu jener Zeit allerdings nicht erahnen, was dadurch später noch alles auf mich zukommen würde, sonst wäre ich sicherlich den leichteren Weg gegangen. Im Nachhinein bin ich mir aber 100-prozentig sicher, dass meine Entscheidung, andere Trader zu coachen, die richtige war und man prinzipiell immer den »schwersten« Weg auswählen sollte. Für mich war dies jedenfalls der wahre Weg. Doch ich würde auch heute nicht von mir behaupten, dass ich eine Meisterin meines Fachs bin. Diese Bewertung überlasse ich anderen.

Mein Mentor hatte Recht, denn mit meiner Entscheidung, selbst Coach zu werden, bin ich der Meisterin meines Fachs ein großes Stück näher gekommen. Die Berufung zum Trader hört nicht damit auf, Handelssysteme zu kreieren und/oder diese anzuwenden und Geld damit zu machen. Das Leben ist vielmehr ein Geben und ein Nehmen. Der Mensch lernt sein Leben lang hinzu. Dies ist für mich auch der Sinn des Lebens. In vielen Gesprächen mit meinen Tradern lernte und erhielt ich ebenso viel, wie ich an die Fragenden weitergeben konnte. Ich wurde immer wieder neu inspiriert und konnte mich so als Coach, Trader und Mensch weiterentwickeln. Ohne dies wäre ich zweifellos nicht da, wo ich heute bin.

Auch wenn Worte allein hier sicher nicht ausreichen, muss ich mich an erster Stelle bei Kurt Tepperwein bedanken. Es waren *seine* Lehren vom »Sosein«, die mich inspiriert haben dazubleiben, auszuharren, zu lernen, nachzuprüfen und schlussendlich weiterzumachen. Es war seine Überzeugung, dass ich meine Berufung eine Zeit lang selbst als Coach ausüben sollte. Insbesondere bedanke ich mich auch bei meinem Freund und Trader Roger Frank für seine Mitarbeit an diesem Beitrag. Ich danke außerdem meiner Familie und all meinen Tradern, die sich von meiner Begeisterung für die Börse haben anstecken lassen. Sie ließen sich von meinen Handelsmethoden inspirieren, schenkten mir ihr Vertrauen und inspirierten mich mit ihren Fragen und in Gesprächen, wodurch sie mich förderten und unterstützten.

Mögen wir alle erkennen, dass die Veränderung, die wir von der Welt und unseren Mitmenschen erwarten, erst in uns selbst stattfinden muss, und mögen wir dies – wie mein Vorbild Kurt Tepperwein – vorbildlich praktizieren.

2. Die Börse ist wie das Leben

Die Börse funktioniert nicht anders als das Leben selbst. Oft ist es so, dass die einfachsten Regeln nicht erkannt und angewendet werden. Anstatt im Hier und Jetzt zu leben, leben wir oft in einer Illusion. Zum Beispiel ist es eine Illusion, viel Zeit zu haben, um bewusst oder unbewusst keine Fehler mehr zu machen – oder noch genug Zeit zu haben, um all die Veränderungen, die wir uns herbeisehnen, auf einen anderen Termin in die Zukunft zu verschieben, weil uns dies im Moment einfach bequemer erscheint.

An der Börse werden solche Glaubenssätze sofort gnadenlos bestraft. Die Börse ist deshalb nicht gemein oder gar arglistig. Ganz im Gegenteil. Solche Erkenntnisse sind ein Geschenk und ein klarer Hinweis, seine Überzeugungen und Verhaltensweisen JETZT, das heißt im gegenwärtigen Moment, zu ändern.

Aus allen Ursachen resultiert schließlich ein Erfolg. »Erfolg« ist die Folge von etwas, nämlich von einer Ursache. In diesem Sinne sind wir immer erfolgreich, ungeachtet dessen, ob uns die Wirkung gefällt oder nicht. Sind wir mit einem Ergebnis nicht einverstanden, müssen wir nur die Ursache ändern, nicht deren Wirkung. Doch dazu später mehr.

Ich will Ihnen mit diesem Beitrag ein paar Hinweise geben, die mich auf die Überholspur an der Börse gebracht haben. Sie könnten sehr wohl auch für Sie, wenn Sie dies denn wirklich wollen, der erste Baustein im Leben eines erfolgreichen Traders sein. Vielleicht werden Sie dadurch die eine oder andere Einstellung an sich in Frage stellen und letzten Endes zu einer anderen Ursache wandeln, die vielleicht besser zu Ihnen passt.

»Liebe das Leben, und das Leben wird dich lieben.« (1)

3. Die Börse als Spielplatz: Entstehen Börsenkurse zufällig?

Täglich bemühen sich viele Menschen auf dieser Welt, das Geheimnis Börse für sich zu entdecken. Mathematiker, Zyklenanalytiker, Charttechniker, Wellenreiter und andere mehr versuchen herauszufinden, wo der Kurs eines Wertpapiers in der Zukunft stehen wird. Dabei entstehen naturgemäß viele unterschiedliche

Meinungen, Aussagen und Glaubenssätze. Diese Glaubenssätze verursachen genau das, was der Mensch auf seiner Reise durch das Abenteuer Börse für sich entdeckt und erlebt.

Bevor wir uns aber um irgendwelche Methoden kümmern, müssen wir uns zunächst einmal selbst kennen lernen, erst dann können wir verstehen, ob eine und vor allem welche Methode für uns richtig beziehungsweise falsch ist – oder weshalb wir verschiedene Methoden zunächst richtig und später falsch finden.

Alles, was Sie denken, was Sie sich vorstellen und glauben, könnte sich auch in *Ihrem* Leben schon bald verwirklicht haben. Wenn wir uns einmal intensiv mit der wahren Natur und den Möglichkeiten unserer Gedankenkraft beschäftigen, werden wir erkennen, dass mit diesem magischen Instrument scheinbar mühelos fast alles geschehen kann. Wir alle verfügen über dieses phantastische Vermögen, das aber zum größten Teil noch unentdeckt in uns verborgen liegt. Erst wenn wir die »Spielregeln des Lebens« beherrschen, können wir unser Leben auch wirklich »führen«!

Die Voraussetzung für ein erfülltes Leben ist deshalb immer erst die Gestaltung Ihres Denkinstrumentes, um die Macht Ihrer Gedanken bewusst und gezielt einzusetzen. Wenn wir also zum Beispiel daran glauben, dass wir keine Wahl haben, wenn wir denken, dass die Börse nur ein Zufallsgenerator ist, oder davon überzeugt sind, dass der Kurs immer nur gegen uns läuft, sobald wir in den Markt einsteigen, dann brauchen wir uns nicht zu wundern, wenn schlussendlich auch genau das passiert.

Ich habe mit Leuten gesprochen, die sogenannten Kontraindikatoren (2) vertrauen und – was fast noch schlimmer ist – diesen Glaubenssatz auch noch lächelnd annehmen und stolz weitererzählen. Machen wir uns zunächst einmal kurz bewusst, was das heißt: *Diese Menschen glauben daran, dass der Kurs immer gegen sie läuft, sobald sie in den Markt einsteigen.* Sie haben dies erfolgreich in ihrem Bewusstsein verinnerlicht beziehungsweise in ihrem Glauben einprogrammiert: *»Ich suche mir Einstiege, die zu meinen Gedanken und zu meinem Glauben passen. Diese müssen gegen das laufende Marktgeschehen sein, denn ich glaube ja daran, ein Kontraindikator zu sein!«*

Dauerhafte Verluste sind deshalb folgerichtig, weil sie ja zuvor erfolgreich im Glaubenssystem der Kontraindikatoren implementiert wurden. Wie kann es auch anders sein? Diese Leute haben genau das gekriegt, woran sie zuvor geglaubt haben, und kriegen es immer wieder. Sie wollten es ja nicht anders. So überlassen wir uns aber erfolgreich dem Zufall. Dieser bringt (scheinbar) mal Glück und ein anderes Mal Pech.

Solche Menschen übersehen regelmäßig eines: Das ist kein Können, sondern die Wirkung eines Zufallsgenerators und geschieht nur deshalb, weil wir nicht in der Lage sind, unsere Entscheidungen selbst zu treffen. Wir haben keinen vorher festgelegten Plan und keine durchdachten Ideen. Dabei entscheiden nur wir selbst darüber, wann wir in den Markt einsteigen und wann wir aus dem Markt wieder aussteigen. Das ist eine Tatsache. Letztlich ist es deshalb weder Pech, Glück oder Schicksal, was zu Gewinnen oder Verlusten führt, noch ist es Zufall. Das Einzige, was tatsächlich existiert, sind Ursache und Wirkung.

Auf unserer Entdeckungsreise durch das Leben vergessen wir oft zu planen und zu gestalten. Sehr leicht und meist unbewusst glauben wir an Dinge, die unser Leben voll und ganz in Besitz nehmen und uns steuern. So werden wir definitiv zum Spielball unserer eigenen Ursachen und akzeptierten Glaubenssätze.

Die Kurse werden aber von Menschen gemacht. Weder wir noch der Kurs, also die beiden Hauptdarsteller im Leben und an der Börse, sind deshalb irgendeinem Zufallslauf oder Randomwalk (3) ausgeliefert. Medien, Werbung und Wissenschaft/Behaviorismus (4) haben längst deutlich gemacht, dass menschliches Verhalten manipulierbar und vorhersehbar ist. Da die Kurse an der Börse zweifelsfrei von Menschen gemacht werden, sind wir faktisch in der Lage, mögliche Kursentwicklungen zu berechnen.

Wir können außerdem unsere Positionen kontrollieren und verwalten. Dafür brauchen wir letztlich nur unsere eigenen Spielregeln einzuhalten. Sonst nichts!

4. Was ist das Ziel, und wie kann ich es erreichen?

In den letzten Jahren habe ich als Coach viele Menschen kennen gelernt, die mir ihr Vertrauen entgegengebracht haben. Natürlich muss ich wissen, welche Ziele und Erwartungen sie haben, und höre mir die Geschichten dieser Menschen gerne an. Dabei wurde mir oft klar, dass ihre Vergangenheit eine große Rolle in ihrem Leben spielte.

Also habe ich ganz einfach die folgende Frage gestellt: »Was wollen diese Menschen genau von mir?« Als Antwort bekam ich dann oft zu hören: »Ich will kein Geld mehr verlieren.« Das war genau das, was Sie wollten und woran Sie geglaubt haben: Genau dies mit mir als Coach zu erreichen. Mich als Coach zu haben, nur um kein Geld (mehr) zu verlieren, ist zumindest auf längere Sicht gesehen nutzlos, denn dieses Ziel lässt sich viel einfacher dadurch erreichen, dass man einfach nicht weiter handelt, statt seine Zeit weiter mit dem Handeln an der Börse zu verplempern. Das Ziel, kein Geld (mehr) zu verlieren, war in Wirklichkeit gar nicht das, was meine Trader letztlich verfolgten. Zumindest diejenigen nicht, die es dann auch geschafft haben, an der Börse erfolgreich zu sein.

Glaubenssätze und Zielklarheit werden zur sichtbaren Realität und spiegeln sich immer im Ergebnis (Gewinn oder Verlust) wieder. Ob ich mir das bewusst oder unbewusst gewünscht habe, spielt dabei keine Rolle. Deshalb ist es viel einfacher, wenn wir uns zunächst einmal bewusst machen, was wir eigentlich genau wollen und was wir nicht wollen. Erst dann können wir unsere Ziele viel leichter, direkter und ohne Umwege erreichen.

Das Ziel »ich will bis dahin die Summe X gemacht haben« ist deshalb viel sinnvoller und mächtiger als das Ziel »ich will bis dahin kein Geld mehr verlieren«.

5. Glauben (5) und Verstand (6)

Die meisten von uns arbeiten seit Jahren mit Computern, Handys oder Digitalkameras. Viele von uns haben nicht wirklich eine Ahnung davon, wie und weshalb diese zahlreichen Geräte funktionieren. Wir sind aber gleichwohl erfolgreiche Anwender. Wir setzen uns vor den PC, betätigen ein paar Knöpfe und transferieren beispielsweise ein Bild, das wir im letzten Urlaub gemacht haben, per Mail zu einem Freund und sind uns dabei absolut sicher, dass dieses innerhalb weniger Sekunden empfangen wird.

Wenn ich Ihnen jetzt die Frage stelle, woher Sie die Sicherheit nehmen, dass das Bild auch tatsächlich gerade transferiert worden ist, werden Sie mich vermutlich erstaunt anschauen. Nach kurzer Zeit der Überlegung würden Sie mir womöglich antworten, »ja weil es eben so ist!« Obwohl Sie eigentlich nicht wirklich wissen können, ob das Bild transferiert wurde, *glauben* Sie wahrscheinlich (zu Recht) fest daran, dass dies dennoch passiert ist.

Dieses Vertrauen oder, besser gesagt, diese Selbstverständlichkeit haben Sie entwickelt, weil Sie es zuvor schon öfter getan haben und es immer funktionierte. Es zählt also das Vertrauen, das Sie in diesen Prozess gewonnen haben. Angenommen, es würde Ihnen jetzt jemand erzählen, dass es nicht funktionieren *kann*, und Sie dadurch verunsichern, dann würden Sie vermutlich ihren Freund anrufen und ihn fragen, ob das Bild auch wirklich angekommen ist. Oder? Danach würden Sie feststellen, dass Ihre Unruhe völlig unbegründet war. Sie hätten sich den Anruf sparen und diese Zeit besser für andere Dinge nutzen können, statt sich Sorgen zu machen und Ihren Zweifeln Aufmerksamkeit zu schenken.

Die Quintessenz dieser Sache ist nun die, dass Ihnen letztlich nur der Glaube Sicherheit gibt und sonst nichts! Mit der Macht ständiger Wiederholung haben Sie es geschafft, ohne Wissen und wirklich Ahnung zu haben, Ihren Verstand (der die Materie überhaupt nicht versteht) zu überzeugen, dass dieser nicht alles zu verstehen *braucht*. Es reicht nämlich vollkommen aus, dass Sie sich erinnern, welche Knöpfe zu betätigen sind, um ein Bild erfolgreich zu Ihrem Freund zu transferieren. Damit sind Sie ein erfolgreicher Anwender, ohne dass ein spezielles datenverarbeitungstechnisches Wissen erforderlich wäre.

Sie haben nur ein Spiel gespielt (Bildtransfer), dabei die Spielregeln beachtet (die richtigen Knöpfe gedruckt) und die Zielklarheit (Bild wird beim Freund ankommen) nicht aus den Augen verloren. Das Ergebnis war für Sie zufriedenstellend.

Bis hierher mag dies für Sie alles selbstverständlich und irgendwie banal klingen, doch in Wirklichkeit steckt hinter alledem eine wesentliche Aussage: *Ihr Verstand spielt nämlich für Ihren Erfolg überhaupt keine Rolle. Es kommt vielmehr darauf an, was Sie letztlich glauben.* Übertragen auf die Welt der Börse heißt das nichts anderes, als dass es letztlich vollkommen egal ist, ob Sie ein erfolgreiches Handelssystem auch tatsächlich verstehen oder nicht verstehen. Als Anwender müssen Sie nur an dieses System glauben, um es erfolgreich anwenden zu können. Wie im vorangegangenen Beispiel gewinnen Sie den Glauben an das System und an den Erfolg durch ständiges Wiederholen. Ihr Glaube ist also viel wichtiger als Ihr mit Vorurteilen und Emotionen behafteter Verstand.

6. Ein erfolgreiches Handelssystem (7) – Teil I

Stellen Sie sich vor, Sie dürfen ab morgen als Spieler an der Börse auftreten und haben die Chance zu bestimmen, welche Position Sie in diesem Spiel einnehmen möchten. Als Spieler am Start sind Sie nur »einer von vielen«. Erlauben Sie den anderen bewusst oder unbewusst Ihre Schritte und

Ihren Weg zu bestimmen? Lassen Sie es zu, dass Sie von Ihren Emotionen (Ängsten, falschen Glaubensätzen und so weiter) gesteuert werden? Dann werden Sie sich letztlich (wieder) als Spielball der anderen vorfinden. Sie haben nur fremde Wünsche erfüllt und nicht Ihre eigenen Wünsche und Ziele formuliert und ausgelebt.

Wollen Sie nicht viel lieber als (selbst-)bewusster Spieler mit einem Vorteil an den Start gehen? Sie haben einen Joker in der Hand und bestimmen selbst, welches Spiel gespielt wird, wie lange es dauert, und vor allem bestimmen Sie den Ausgang des Spiels. Dazu müssen Sie die Spielregeln allerdings sehr gut kennen und diese auch bewusst anwenden, um das Ziel als Gewinner zu erreichen. Der Joker ist ein wichtiges Element in Ihrem erfolgreichen Handelssystem, dass Ihnen einen systematischen Vorteil (*trading edges* 8) gegenüber den anderen Marktteilnehmern verschafft. Wie im Leben ist deshalb zunächst einmal Zielklarheit einer der wichtigsten Schritte an der Börse. Durch ständige Wiederholung werden Sie Vertrauen aufbauen und sich die Regeln in Ihnen manifestieren.

Ähnlich wie bei einem »Pokerspiel mit gutem Blatt« (Joker) spielen Sie nur *die* Spiele, die Ihnen einen statistischen Vorteil verschaffen. Freilich werden Sie auch bei solchen Spielen Ihren Einsatz gelegentlich verlieren, doch »a la longue« befinden Sie sich auf der Siegerstraße. Die Kunst besteht im Nichtspielen der Spiele, die Sie nicht verstehen und die immer von allen anderen gespielt werden, für die Sie also keinen Joker haben. Hauptmerkmal eines erfolgreichen Handelssystems ist immer sein systematischer Vorteil, der sich in einem positiven Erwartungswert ausdrückt.

Nehmen wir an, Sie haben ein Handelssystem, das nachhaltig durchschnittlich 15 Gewinnpunkte und 5 Verlustpunkte generiert. Weiterhin liegen Gewinn- und Verlustwahrscheinlichkeit bei jeweils 50 %, das heißt, die Möglichkeit eines Gewinns und eines Verlustes ist gleichermaßen wahrscheinlich. Würden Sie dieses Spiel spielen? Die richtige Antwort finden Sie im Glossar (9).

7. Der Lebensdesigner: Ich und mein Beruf als Trader

Um das Leben und die Börse besser zu verstehen, sollten wir uns zunächst einmal mit uns selbst, dem Ich, das heißt unserer eigenen Mentalität (10) befassen. Ich bestehe aus meinem Körper, meinem Verstand und meinem Bewusstsein.

7.1. Der Körper

Vereinfacht kann man die Funktionsweise des menschlichen Körpers mit der eines Akkus vergleichen. Deshalb ist es eine Illusion, wenn wir annehmen, dass unser Körper optimal funktionieren kann, wenn wir uns falsch ernähren, nicht genügend bewegen oder nicht genug Freizeit gönnen.

Unser Körper ist auch Ausdruck unseres Bewusstseins.

Mancher quetscht sich in die letzte Hausecke, wo sich sonst keiner mehr aufhalten mag, und richtet ausgerechnet dort seinen Arbeitsplatz ein. Das ist sicherlich eine optimale Lösung für schnelle Müdigkeit und andauernden Konzentrationsmangel. Wir verursachen quasi magnetisch mit dieser Entscheidung genau das, was mit uns geschehen wird.

Falls wir mit diesem »Er-folg« nicht einverstanden sind, sollten wir zunächst einmal die Ursachen ändern. Es ist ein Irrglaube, wenn ich meine, »ich werde erst Geld verdienen und mir danach dies und das gönnen«. Wir leben *immer* im JETZT, im gegenwärtigen Moment. Ich kann JETZT glücklich sein und als Ergebnis das Glück weiter anziehen. Glücklich sein ist immer die Voraussetzung für meinen Erfolg und nicht umgekehrt! Unsere westliche leistungsorientierte Gesellschaft lehrt uns leider ständig genau das Gegenteil (und das mit System!), indem es unablässig heißt: *Morgen werde ich glücklich sein!*

Als Kind erklären sie uns, wie wichtig die Schule ist und wie glücklich wir sein werden, wenn wir sie erst einmal geschafft haben. Eltern und Lehrer raten uns ständig, abends und an den Wochenenden nicht mehr auszugehen, sondern fleißig zu Hause zu lernen. Sie erklären, wie wichtig das Abitur ist, und behaupten, es wäre die Fahrkarte zum Glück. Beim Studieren wiederholt sich das Spiel von vorne. Alle raten uns, sich nicht mit Hobbys, Freizeit und Vergnügen zu beschäftigen oder einfach Spaß zu haben, sondern sich nur intensiv um das Studium zu kümmern. Das Glück kann warten bis nach dem Studium. Diejenigen, die fleißig studiert und später einen Job bekommen haben, arbeiten danach oft schwerer als je zuvor. Schließlich wollen sie genug Geld verdienen, um sich etwas leisten, etwas kaufen zu können, beispielsweise ein Haus oder ein Auto. *Und wo bleibt das Glück?*

Sie glauben, erst dann glücklich zu sein, wenn sie sich dies und das leisten können. Andere glauben daran, erst dann glücklich zu sein, wenn sie verheiratet sind und Familie haben. Viele, die sich ein Haus gekauft, geheiratet und eine Familie gegründet haben, müssen dann noch schwerer arbeiten und sogar Nebenjobs annehmen, um die Raten für das Haus bezahlen zu können. Wieder verschieben die Menschen weiterhin ihr Glücklichsein auf die Zukunft. Sie meinen: »Wenn die Schulden abbezahlt und die Kinder erst einmal aus dem Haus sind, werden wir uns zur Ruhe setzen, und dann können wir ja immer noch glücklich sein.«

Für all diejenigen, die glauben, dass sie erst glücklich sein werden, wenn sie irgendetwas erreicht haben, wird das Glück ein Zukunftstraum bleiben. So wie der Regenbogen, der nur zwei oder drei Schritte entfernt liegt, aber für alle Zeiten unerreichbar ist. Menschen, die so denken, werden in ihrem Leben nie glücklich sein (11).

Schieben Sie das Glück nicht länger vor sich her.

Fangen Sie schon heute damit an, die Voraussetzungen für ein glückliches Leben zu erschaffen. Gehen Sie schrittweise vor und ändern Sie alles, was in Ihrem Leben keinen Platz mehr hat. Trennen Sie sich konsequent von alten Mustern und Glaubenssätzen. Seien Sie JETZT ein glücklicher Mensch. Ihr Akku (Körper) benötigt beispielsweise eine optimale Ernährung, ausreichend Bewegung, Zeit zum Entspannen sowie einen hellen, freundlichen und gemütlich eingerichteten Arbeitsplatz, um genügend Energie zu tanken, kreative Einfälle zu sammeln und kluge Ideen zu entwickeln.

»Der Mensch ist unglücklich, weil er nicht weiß, dass er glücklich ist.« Nur deshalb. Das ist alles! Wer das erkennt, der wird gleich glücklich sein, sofort, im selben Augenblick (12).

7.2 Der Verstand

Was ist eigentlich der Verstand? Man kann sich den menschlichen Verstand auch wie einen Computerchip vorstellen. Er kann nur eine Datei bearbeiten, wenn entsprechende Software (Information) zur Verfügung steht. Unser Verstand kann nur mit bestehenden Bildern arbeiten, die wir zuvor bewusst (durch eigene Erlebnisse) oder auch unbewusst (etwa durch Geschichten, die uns erzählt wurden und die wir gar nicht selbst erlebt haben) abgespeichert haben. Deshalb sollte uns schnell klar werden, dass wir uns nicht allein auf solche Signale unseres vorurteilbehafteten Verstandes verlassen dürfen. Diese Bilder sind, soweit sie beispielsweise auf Erzählungen beruhen, überhaupt nicht real oder aber tatsächlich vergangen und werden somit auch nicht wiederkommen.

»Eine Tatsache ist eine Sache, die schon mal so getan worden ist. Diese kann beliebig anders getan werden und ergibt dann neue Tatsachen.« (13) Sobald unser Verstand eine ihm bekannte Situation aufgespürt hat, greift er auf die gespeicherten Bilder und Informationen aus der Vergangenheit zurück. Er versucht uns mit einem Gefühl vor gespeicherten und nicht angenehmen Erlebnissen zu warnen. Solche Gefühle nennen wir Emotionen, die jegliche Form annehmen können – Angst, Euphorie, Gier oder Verzweiflung.

Der Verstand ist also nicht nur reines Denken, er beinhaltet auch emotionale Reaktionen. Emotionen sind körperliche Reaktionen auf den Verstand oder auch eine Spiegelung des Verstandes im Körper. Emotionen entsprechen vor allem einem verstärkten und energetisch aufgeladenen Gedankenmuster. Wie können wir solchen Emotionen aus dem Weg gehen? Zunächst sollten wir einmal herausfinden, was deren Ursachen sind.

Angst

Angst ist nicht nur das ständige Gefühl bei Gefahr, sondern auch ein Empfinden von Unvollkommenheit, emotionalem Druck oder psychischen Schmerzen. Der Verstand will unsere Ängste und Schmerzen immer bekämpfen oder beseitigen. Diese sind aber unvermeidlich, solange wir uns mit unserem ständigen Denken (Verstand) identifizieren; wir sind uns nicht wirklich unserer Möglichkeiten, Fähigkeiten und unseres Wissens bewusst.

Angst bezieht sich immer auf etwas, was passieren könnte, und nicht auf etwas, das gerade passiert. Wir sind im Hier und Jetzt, während unser Verstand in der Zukunft ist. Dadurch entsteht eine Lücke, die sich mit Angst und Sorge füllt. Mit dem gegenwärtigen Moment können wir immer zurechtkommen, aber nicht mit etwas, das unser Verstand in die Zukunft projiziert. Solange wir uns mit unserem Verstand identifizieren, regiert das Ego unser Leben. Und dieses Ego fühlt sich zum Beispiel ständig unsicher oder bedroht (14).

Die Ursache von Angst, etwa vor Kursverlusten, ist deshalb immer nur ein Hinweis auf ungenügendes Bewusstsein. Wenn wir uns wirklich *bewusst* sind, das heißt unserem Handelssystem vertrauen (Glaube), haben wir automatisch keine Angst mehr.

Es gibt Tausende von Beispielen aus dem alltäglichen Leben, die belegen, dass dies so ist. Viele Menschen haben etwa Angst vor dem Autofahren, wenn sie damit beginnen. Aber nach ein paar Jahren haben sie gelernt, damit umzugehen, und sind dann sogar in der Lage, während der Autofahrt auch andere Dinge zu erledigen. Dabei ist die reale Unfallgefahr gar nicht geringer geworden. Wir haben schlicht und einfach gelernt, damit umzugehen, und Vertrauen in unsere Fähigkeiten entwickelt. Der Glaube an uns hat uns schließlich zu einem sicheren und (selbst-)bewussten Autofahrer gemacht, so dass wir uns auch tatsächlich sicher durch den Straßenverkehr bewegen.

Der Schlüssel, keine Angst mehr zu haben, liegt darin, Ihr Ego, das immer in der Vergangenheit oder in der Zukunft und nie im JETZT lebt, zurückzunehmen, Vertrauen aufzubauen und genügend (Selbst-)Bewusstsein zu entwickeln. Dazu gehört insbesondere auch, sich seiner selbst bewusst zu sein, immer das Hier und Jetzt zu erkennen und sich nicht mit dem was war (Vergangenheit) oder sein könnte (Zukunft) zu identifizieren.

Sie können solche Emotionen wie Angst oder auch Gier leicht aus dem Weg räumen, indem Sie sich zunächst genug Wissen aneignen und Selbstbewusstsein entwickeln, reichlich Selbstvertrauen holen und den Weg zum Erfolg schrittweise gehen. Dabei werden Emotionen keine Rolle mehr spielen. Auf dem Weg zum Erfolg gibt es meistens keine Abkürzung.

Euphorie

Eigentlich haben Sie von einer Sache nicht wirklich Ahnung, aber diesmal einfach Glück gehabt. Dies kann sehr wohl auch mehrmals hintereinander passieren. Beispielsweise haben Sie auf einen Börsenguru gehört, der zufällig genau eine bestimmte Entwicklung vorausgesagt hat. An der Börse werden schließlich andauernd unterschiedliche Meinungen gehandelt. In unserer heutigen Informationsgesellschaft nutzen etliche unterschiedliche Akteure die Medien und das Internet für deren Empfehlungen und Prognosen. Irgendwelche dieser vielen Experten müssen deshalb zwangsläufig irgendwann einmal, oder auch mehrere Male hintereinander, mit ihren geäußerten Meinungen Recht behalten. Diese sind dann momentan gerade »angesagt«. Wenn Sie vorher auf einen dieser zahlreichen Gurus gehört haben, dessen Prognose dann auch eingetreten ist, werden Sie leicht euphorisch. Dabei hatten Sie selbst gar keine Ahnung oder kein Vertrauen in Ihr eigenes Handeln gehabt.

Dieser Guru ist kurze Zeit in den Medien präsent, bevor er wieder von der Bildfläche verschwindet, weil sein »Treffer« nur einmal oder einige Male erfolgte. Letztlich picken sich die Medien einfach den für das jeweilige Ereignis passenden Guru heraus. Machen Sie sich deshalb Folgendes bewusst: Wir haben es überhaupt nicht nötig, euphorisch zu werden. Wir wissen, dass unser Erfolg auf einem nachhaltig erfolgreichen Handelssystem beruht. Dazu gehören auch Wissen, Disziplin und die vorherige Planung der jeweiligen Schritte.

Gehen Sie diesem Wissen auf den Grund, und Sie werden den Zugang von Emotionen wie Angst, Gier und Euphorie bei Ihren Entscheidungen wirksam und dauerhaft blockieren. Solche Emotionen haben überhaupt nichts in Ihrem Handeln zu suchen. Sie schaffen es nur, Sie früher oder später durcheinander zu bringen, so dass Sie dadurch vielleicht noch falsche oder vorschnelle Entscheidungen treffen.

Verzweiflung
Im Zustand der Verzweiflung haben Sie es längst geschafft, nicht mehr mit sich im Einklang zu sein. Sie haben nicht auf Ihre inneren Warnsignale gehört. Verzweiflung ist immer eine Folge vorausgegangener schwächerer Emotionen. Sie empfinden Hoffnungslosigkeit, können einen Zustand nicht länger ertragen und haben Ihren Emotionen über den Zustand der Angst hinaus freien Lauf gelassen.

Viele Menschen sagen: »Ich kann das nicht ertragen!« Und in dieser Aussage sind bereits die passende Antwort und die Lösung enthalten. »Dann ertragen Sie es doch einfach einmal!« Es wird sich dadurch wie in Nichts auflösen können.

Warum wollen Sie die Dinge nie tragen, die Ihnen passieren und zufallen? Denken Sie einmal darüber nach. Wer will es nicht ertragen? Wer wehrt sich dagegen und warum? Und was geschieht, wenn Sie es ertragen? Verschwindet es dann?

Finden Sie zu Ihrem inneren Gleichgewicht zurück! Machen Sie eine Zeit lang eine Pause. Verschaffen Sie sich wieder Zielklarheit. Fangen Sie an, neue Pläne zu schmieden. Gehen Sie Ihren Plänen schrittweise nach und arbeiten Sie diese ab. So bauen Sie allmählich (wieder) Vertrauen auf. Sie werden merken, dass Sie Ihren »Aussetzer« schon bald erfolgreich hinter sich gebracht und gemeistert haben.

7.3. Das Bewusstsein

Vertrauen, wahre Freude und Sicherheit sind Eigenschaften, die wir uns nicht einreden können. Vertrauen in etwas kann sich nur dann bilden, wenn wir uns zuvor selbst von der Funktionalität einer bestimmten Sache überzeugt haben. Diese Sache brauchen wir dazu im technischen Sinne nicht unbedingt zu verstehen. Allein unser Glaube daran lässt uns »selbst bewusst sein«. (Selbst-)Bewusstsein und innere Zufriedenheit sind wichtige Voraussetzungen für unseren Erfolg.

Als glücklicher und zufriedener Mensch bin ich in der Lage, mit mir ständig im Einklang zu sein. Ich bin einfach da und offen für neue Einfälle. Und schon habe ich die erste Voraussetzung für meinen Erfolg geschaffen, denn alle großen Taten dieser Welt sind aus einem Einfall oder einer Idee heraus entstanden.

Dabei ist unser Verstand überhaupt nicht schöpferisch. Alle wahren Künstler erschaffen, ob es ihnen bewusst ist oder nicht, alles immer auf der Ebene einer inneren Stille (»No-Mind«). Der Verstand ist nur ihr Werkzeug, er verleiht ihren kreativen Impulsen eine Form. Selbst große Wissenschaftler haben berichtet, dass ihre kreativen Durchbrüche in Zeiten geistiger Ruhe geschahen. Deshalb mangelt es vielen Wissenschaftlern nicht etwa an Kreativität, weil sie nicht denken, sondern weil sie das Denken nicht sein lassen können (15).

Aber eine Idee kann nur dann Realität werden, wenn ich bereit und in der Lage bin, sie auch zu manifestieren, mir ein Endziel zu erschaffen, das ich mir wirklich vorstellen, das ich sehen, denken, glauben und fühlen kann. Nur durch feste mentale Installation kann ich das Ziel *nicht* verfehlen, sondern werde es schließlich auch erreichen. Dabei ist es wichtig, Folgendes zu beachten: Es ist ein großer Unterschied zwischen dem, was ich möchte und will, und dem, was ich schon als geschehen erlebe, als wäre es bereits in Erfüllung gegangen.

Das, was ich möchte, ist die schwächste und so am wenigsten wirksame Bewusstseinsform. Das, was ich will, ist stärker ausgeprägt und deshalb wirksamer. Doch erst das, was ich bereits so lebe, als hätte ich es erhalten, ist wirklich kraftvoll und am Effektivsten.

Schon in der Bibel steht geschrieben: »Betet und bittet, um was ihr wollt, glaubt nur, dass ihr es schon erhalten habt, dann wird es euch zuteil.« (16)

8. Ein erfolgreiches Handelssystem – Teil II

8.1. Mechanische (computergesteuerte) Handelssysteme

Kurse resultieren aus Bewegungen. Diese sind physikalische Ereignisse und somit messbar. Zwar kann man solche Bewegungen beispielsweise mit Indikatoren oder Oszillatoren *ex post* berechnen, doch erhalten wir immer Ergebnisse, die nur die Vergangenheit abbilden und nicht das JETZT und schon gar nicht in die Zukunft wirken können.

Der einzige Vorteil beim rein mechanischen Handeln liegt darin, dass Emotionen komplett außen vor bleiben, weil sämtliche Signale ausschließlich durch den Computer gehandelt werden. Dieser wird mit Algorithmen und Daten aus der Vergangenheit »gefüttert« und generiert Einstiege und Ausstiege selbstständig und vollkommen emotionslos.

Die Wahrheit an der Börse zeigt sich immer im aktuellen Kurs und nicht in einer auf der Vergangenheit beruhenden Mathematik. Der Kurs findet JETZT statt. Alle mechanischen (computergesteuerten) Handelssysteme, die auf Datenmaterial und Analysen vergangener Kurse aufbauen, funktionieren ähnlich wie unser Verstand.

Einer meiner Trader hat es einmal so auf den Punkt gebracht: »Der Markt hat ein Gedächtnis.« Tatsächlich scheint es so, als »erinnerte« sich der Markt und als würden sich die Dinge an der Börse – wie auch in unserem Leben – ständig wiederholen. Mechanische (computergesteuerte) Handelssysteme können deshalb zunächst durchaus funktionieren und temporär die »richtigen« Ergebnisse bringen. Im Grunde beruhen die Ergebnisse aber immer auf der Annahme, dass die vergangenheitsbezogenen Algorithmen auch in der Zukunft noch gelten. Dabei müssen die Ergebnisse nicht wiederkommen, weil die Märkte heutzutage oft sehr dynamisch sind und sich fortlaufend verändern. Vielmehr laufen die Resultate der aktuellen Marktentwicklung beziehungsweise Marktveränderung ständig hinterher.

Mit anderen Worten: Jedes mechanische (computergesteuerte) Handelssystem, das mit vergangenen Daten arbeitet, muss irgendwann versagen. Je schnelllebiger und dynamischer die Märkte sind, desto weniger können diese Systeme (dauerhaft) funktionieren. Der Fehler ist einfach systemimmanent, er liegt in solchen Systemen selbst bedingt.

8.2. Diskretionär-regelgebundene Handelssysteme

Eine Kombination aus diskretionären (17) und systematischen Handelsansätzen erlaubt es uns, unser Handeln veränderten Marktbedingungen, etwa einer höheren Volatilität, sofort anzupassen. Man hat einen gewissen Spielraum, ob man den Trade in einer neuen Situation beziehungsweise Marktphase nimmt oder auch nicht, und handelt so – im Gegensatz zum computergesteuerten, mechanischen Handel – nicht (immer) vollautomatisch nach seinem Regelwerk.

Diskretionär-regelgebundene Handelssysteme liefern nach meiner Überzeugung dauerhaft stabilere und höhere Erträge als mechanische (computergesteuerte) Systeme. Die Crux dabei ist: Es besteht immer die Gefahr, dass menschliche Emotionen ins Spiel kommen, die unsere Regeln konterkarieren. Solche Emotionen haben deshalb nichts in unserem Handeln verloren. Emotionen resultieren immer aus unserem Verstand und sind Ausdruck des Egos oder der Mentalität. Dieses Umstands müssen wir uns ständig bewusst sein.

Neben dem eigentlichen Regelwerk ist deshalb das mentale Management wesentlicher Baustein eines erfolgreichen diskretionär-regelgebundenen Handelssystems. Das Ziel besteht unter anderem darin, Emotionen zu kontrollieren, oder besser noch, solche gar nicht erst aufkommen zu lassen. Mentalmanagement bedeutet hierbei die Untersuchung, Beschreibung und Kontrolle aller mentalen Prozesse in ihrer Vielfalt.

8.3. Eine Idee

Oft habe ich von meinen Tradern gehört: »Ich habe es genau gewusst, dass der Markt sich so oder so verhalten wird, aber ich habe mich nicht getraut, den Trade zu machen oder zu vollenden!« Eine Idee allein reicht nicht aus. Wir sollten auch mental in der Lage sein, diese auszuführen und zu vollenden. Das Problem dabei ist, dass sich viele gleich am Anfang ein zu großes Ziel vornehmen. Obwohl sie bisher richtig liegen und nach ihrem Plan gehandelt haben, kommen beim Verwalten der Trades mit (anfänglich zu) großen Zielen sehr schnell Zweifel, Angst vor Verlusten (Schmerzen) und andere Emotionen auf. Diese führen schließlich dazu, dass sie nicht weiter an ihrem ursprünglichen Plan festhalten, diesen aufgeben und (viel) zu früh wieder aus dem Trade aussteigen.

Ursache hierfür ist die ständige, uns anerzogene und genetische Anhaftung an materiellen (etwa Geld) und immateriellen (etwa Freunde) Dingen und Werten des Lebens. Unser ureigener, uns immanenter Instinkt, an einer Sache festzuhalten, sie also nicht mehr hergeben zu wollen, ist tief in uns verwurzelt. Stellvertretend dafür steht das bekannte Sprichwort: »Lieber den Spatz in der Hand als die Taube auf dem Dach.« Einen kleinen Nutzen sicher zu haben ist für die meisten mehr wert als die Aussicht auf einen großen Nutzen, wenn der mit dem Risiko verbunden ist, dass am Ende vielleicht gar nichts übrig bleibt.

Auf die Börse bezogen begrenzen Sie damit natürlich Ihre Gewinne und missachten eine alte Börsenweisheit, nämlich die Gewinne laufen zu lassen (und die Verluste zu begrenzen). Das Problem lösen Sie dadurch, dass Sie zunächst einmal lernen, schrittweise vorzugehen.

Nehmen Sie sich nur das vor, was Sie sich auch wirklich vorstellen können, bei dem Sie also daran glauben, dass Sie es sicher erreichen werden. Entwickeln Sie zunächst *kleine* Pläne mit *kleinen* Zielen. Halten Sie daran fest, bis Sie diesen ersten Schritt sicher bewältigt haben und genügend Selbstvertrauen aufgebaut haben. Fangen Sie vorher nichts Neues an. Dann erst vergrößern Sie Ihre Ziele ganz bewusst und Schritt für Schritt.

8.4. Disziplin und Geduld

Es ist wichtig, dass Sie in Ihrer Lebensplanung genau so, nämlich schrittweise und konkret vorgehen. Angenommen,

Sie haben die Idee oder das Ziel, finanziell unabhängig zu werden. Dieses Ziel wird mir von vielen meiner Trader gleich am Anfang genannt. Werden Sie sich zunächst einmal darüber klar, wie diese neue Freiheit aussehen soll. Konkretisieren Sie Ihr Ziel und füllen Sie es mit Bildern und Inhalten.

Stellen Sie sich zunächst genau vor, was Sie wirklich erreichen wollen, zum Beispiel bis zu welchem bestimmten Zeitpunkt Sie eine Summe X erzielt haben wollen. Planen Sie zunächst kleinere Ziele und teilen Sie sich den Weg bis dorthin in einzelne Schritte ein, die Sie mit Leichtigkeit meistern können. Gehen Sie erst eine Stufe weiter, wenn Sie den ersten Schritt gemeistert haben.

Mit Disziplin ist die Bereitschaft gemeint, gewisse Dinge ständig und bedingungslos zu wiederholen. Disziplin und Geduld haben in unserem Mentalmanagement ebenfalls Zielpriorität. Sie müssen diese Kardinaltugenden genügend trainieren und Ihre Emotionen jederzeit so kontrollieren, dass Sie Ihren Plan ausführen, diesen also beständig, geduldig und diszipliniert handeln können.

Bleiben Sie geduldig. Die besten Chancen im Leben können Sie erst dann sehen, wenn Sie bereit sind, darauf zu warten. Nur ein Trader mit einem klaren Plan kann geduldig warten, denn er weiß, worauf er wartet. Die Börse ist kein Spielcasino, das immer einen Vorteil gegenüber den Spielern hat. An der Börse sind Sie nur dann kontinuierlich erfolgreich, wenn Ihr Handeln zu Ihrem Plan passt und Sie einen Vorteil (*trading edge*) gegenüber den anderen Marktteilnehmern haben.

Erkennen Sie einen Handelsvorteil. Mit anderen Worten: Generiert Ihr System ein Signal, müssen Sie den Trade bedingungslos eingehen sowie nach Ihren festen Regeln verwalten und vollenden. Das nennt man Disziplin.

Insbesondere Anfänger sollten zunächst lernen, allmählich ein Verständnis für die Märkte zu entwickeln, bevor sie diese überhaupt dauerhaft erfolgreich handeln können. Richten Sie sich ein Demokonto ein und führen Sie eine Zeit lang »Trockenübungen« aus, bevor Sie gleich mit richtigem Geld loslegen. Dies ist der erste Schritt. In einem zweiten sehr wichtigen Schritt richten Sie sich ein kleines Konto ein. Diese Phase ist für Sie von elementarer Bedeutung, weil jetzt erstmals Ihre Emotionen eine Rolle spielen und Sie ein wirksames Mentalmanagement anwenden müssen. Fangen Sie keinesfalls mit dem dritten Schritt an, bevor Sie die ersten beiden Schritte nicht wirklich gemeistert haben.

8.5. 2 x 2 = 4?

Zu einem vernünftigen und erfolgreichen Handelssystem gehören außerdem drei weitere wichtige Eckpfeiler. Dabei handelt es sich um das Chance-Risiko-Verhältnis, die Trefferquote und das Money-Management.

Mathematisch betrachtet ergibt 2 x 2 zwar 4, aber im erfolgreichen Wertpapierhandel ist 2 x 2 niemals 4, sondern immer 5 – 1. Weshalb? In diesem Zahlenbeispiel ist Ihr Ziel 4. Dieses lässt sich aber nicht mit einem Risiko von Null erreichen. Mit anderen Worten: Bei einem relativ zum Ziel zu kleinem Risiko werden Sie ständig ausgestoppt. Zu Ihrem Ziel passt vielmehr ein Risiko von –1, das Sie eingehen und aushalten müssen, um Ihr Ziel von 4 dauerhaft zu erreichen. Obwohl ein Risiko von –1 zu einem

Ziel von 4 passt, kann dieses Risiko für Ihre Kontogröße unter Umständen auch viel zu groß sein. Dann dürfen Sie den Trade auf keinen Fall eingehen.

Ich wundere mich immer wieder über manche Händler, die solche Grundregeln ständig missachten und sich hinterher fragen, weshalb der entsprechende Erfolg wieder einmal ausgeblieben ist, obwohl sie angeblich »alles richtig« gemacht haben.

Ein anderes Beispiel aus dem Alltag soll diesen Kontext noch einmal verdeutlichen: Sie wollen mit dem Auto von A nach B reisen. Um Ihr Ziel B zu erreichen, müssen Sie je nach Entfernung viele verschiedene Umstände in Ihrer Planung berücksichtigen. In diesem Fall sind die Risiken etwa, dass die Entfernung einfach zu groß sein kann, falls Sie ein sehr altes und mangelhaftes Fahrzeug besitzen, das die lange Wegstrecke vermutlich nicht aushalten wird, oder dass Sie die Benzinkosten bis zum Ziel B nicht finanzieren können. Diese Risiken müssen für Sie also vorher klar erkennbar sein. Erst dann können Sie sich eine Lösung dafür überlegen, um das Ziel B auch sicher zu erreichen.

8.6. Unterschiedliche Chancen und Risiken

Wie bereits dargelegt, ist systematischer Börsenerfolg kein Zufall, sondern Wirkung eines erfolgreichen Handelssystems. Im Gegensatz zum Casino, wo die Zahlen zufällig zustande kommen und die Bank sogar einen Hausvorteil hat, weist ein erfolgreiches Handelssystem immer einen Vorteil auf, der sich durch einen positiven Erwartungswert charakterisiert. Darüber hinaus ist es wichtig zu wissen, dass an der Börse, wie beim Poker, nicht immer die gleichen Vorteile beim Händler liegen. Vielmehr ergeben sich dort ständig unterschiedliche Chancen und Risiken, die sich wiederum in unterschiedlichen CRVs (Chancen-Risiko-Verhältnissen) ausdrücken. Wie wir später noch sehen werden, ist es deshalb von zentraler Bedeutung, dies zu erkennen und gewinnbringend auszunutzen.

8.7. Chancen-Risiko-Verhältnis (CVR) und Trefferquote

Die zentrale Frage, die sich hinter dem CRV verbirgt, ist die folgende: »Wie viel Mal gewinne ich mehr als ich riskiere?« Das CRV drückt also das Verhältnis zwischen Gewinn und Risiko aus. Riskiere ich zum Beispiel 5 Verlustpunkte und erwarte einen Gewinn von 15 Punkten, beträgt mein CRV 15/5 = 3. Aber erst die Kombination zwischen meinem CRV und der Trefferquote entscheidet letztlich über den Erfolg. Ein Handelssystem mit einem CRV von 3 führt schon zu stetigen Gewinnen, wenn die Trefferquote (18) über 25 % liegt. In diesem Fall hat mein Handelssystem auch einen positiven Erwartungswert. Bei einer Trefferquote von exakten 25 % ist der Erwartungswert Null, mein Handelssystem führt also langfristig weder zu Gewinnen noch zu Verlusten (Break Even 19).

Das CRV und die Trefferquote sind wichtige Daten in Ihrem Handelssystem. Führen Sie ein Handelsjournal, das heißt, fangen Sie an Ihre Zahlen zu dokumentieren und werten Sie die Daten statistisch aus. Gehen Sie nur Trades ein, die zu Ihren Kennzahlen (CRV und Trefferquote) passen oder die sogar darüber liegen. Sie müssen Ihr maximales Risiko und Ihre minimalen Chancen genau kennen. Das CRV ist immer von

Ihrem jeweiligen Handelssystem abhängig, das heißt: Es resultiert daraus. Da Ihnen diese Information erst *ex post* zur Verfügung steht, ist es natürlich wichtig, Ihr Handelssystem zunächst einmal empirisch zu testen und entsprechend auszuwerten, bevor Sie wirklich damit handeln.

8.8. Klassisches Money-Management

Damit wir die richtige Stockzahl an Wertpapieren passend zu unserer Kontogröße eingehen, sollten wir zunächst unsere Positionsgröße berechnen. Nur so schützen wir uns vor größeren Verlusten und können ein »Over-Trading« (20) vermeiden. Dies bedeutet, dass wir immer nur einen bestimmten Anteil, also einen prozentualen Einsatz von zum Beispiel 1 % unseres Depots als Risiko verwenden. Die zentrale Frage dahinter lautet: »Wie viele Trades kann ich mir leisten, ohne bei einer Verlustserie aus dem Markt geworfen zu werden beziehungsweise bis mein Kapital aufgebraucht ist?«

Unser Risiko passt sich dadurch automatisch und dynamisch unserer Kontogröße an. So riskieren wir bei einem festen prozentualen Einsatz (absolut) mehr, wenn unser Depot steigt und (absolut) weniger, wenn unser Depot fällt. Die klassische Argumentation eines vernünftigen Money-Managements ist demnach die, dass man immer nur einen bestimmten (maximalen) Prozentsatz seines Kapitals riskieren sollte.

8.9. Progressives Money-Management

Unter Steuerprogression versteht man das Ansteigen (beziehungsweise Reduzieren) des Steuersatzes in Abhängigkeit vom zu versteuernden Einkommen. Ein progressives Money-Management bedeutet das Ansteigen (beziehungsweise Reduzieren) des Risikokapitals in Abhängigkeit vom CRV. Entgegen der klassischen Lehrmeinung ist ein wesentlich effektiveres Money-Management unter anderem immer auch abhängig vom CRV. Bevor Sie eine Entscheidung über Ihr Money-Management treffen, also welchen prozentualen Einsatz Sie riskieren, sollten Sie immer wissen, welches CRV diesem Trade zugrunde liegt.

Angenommen Ihr Handelssystem weist ein durchschnittliches CRV von 3 auf. Aufgrund einer bestimmten Bewegung und Marktkonstellation aktiviert Ihr System jetzt ein Ziel von 30 bei einem Risiko von 1. Für diesen Trade liegt Ihr CRV also bei 30. Mit anderen Worten: Bei gleichem Risiko ist Ihre Chance jetzt zehn Mal so hoch. Deshalb wäre es nicht sinnvoll, die gleiche Positionsgröße zu nehmen wie bei einem »normalen« Trade mit einem CRV von lediglich 3. Vielmehr sollten Sie dann Ihr Risikokapital angemessen erhöhen (bei einer Trefferquote cet. par.). Ihr Konto wird sich durch solche Trades hyperdynamisch entwickeln.

Fazit: Bei gleichem Risiko und höherer Chance erhöhen Sie Ihren Einsatz und umgekehrt. Passen Sie Ihr Money-Management immer Ihrem CRV an.

9. Zusammengefasst

Menschliches Verhalten ist vorhersehbar. Die Börsenkurse werden von Menschen gemacht und entstehen deshalb nicht zufällig. Bewegungen und Kurse sind vielmehr berechenbar, weil diese, wie das Leben selbst, einer Ordnung und Systematik unterliegen. Für Ihren Handelserfolg kommt es letztlich nur darauf an, dies durch Beobachtung zu erkennen und daran zu glauben, sich dieser Wahrheit also bewusst zu werden, statt sie wirklich zu verstehen.

An der Börse ergeben sich ständig unterschiedliche Chancen und Risiken mit verschiedenen CRVs. Im Gegensatz zum Casino hat eine erfolgreiche Handelsmethode immer einen Vorteil, so dass stetige Gewinne generiert werden. Insoweit ist dies eine Analogie zum »Pokerspiel mit gutem Blatt«.

Ein nachhaltig gewinnbringendes System ist aber nur eines von mehreren wichtigen Elementen für Ihren Börsenerfolg. Andere zentrale Faktoren sind dabei das CRV, die Trefferquote und ein vernünftiges Money-Management. Das Risikokapital sollte immer in Abhängigkeit vom CRV eingesetzt werden (progressives Money-Management).

Mechanische (computergesteuerte) Handelssysteme können eine Zeit lang funktionieren. Allerdings werden diese systembedingt irgendwann versagen, da sie, besonders bei sich ständig verändernden und dynamischen Märkten, der aktuellen Entwicklung immer hinterher laufen. Beim diskretionär-regelgebundenen Trading, das dauerhaft stabilere und höhere Erträge als mechanische (computergesteuerte) Systeme aufweist, kommt mit dem Mentalmanagement und insbesondere der Emotionskontrolle ein weiterer entscheidender Baustein hinzu.

10. Imperative

Falls Sie sich für den Wertpapierhandel ehrlich begeistern und dazu entscheiden oder bereits entschieden haben, das Traden als Beruf auszuüben, werden Ihnen nachfolgende Imperative von Nutzen sein.

- Hören Sie sofort damit auf »zu werden«. Fangen Sie sofort, nämlich JETZT, damit an (sich Ihrer Selbst bewusst) »zu sein« und als Gewinner zu leben. Innere Zufriedenheit (glücklich sein) ist eine Voraussetzung für Ihren Erfolg an der Börse und nicht umgekehrt!

- Überprüfen Sie Ihr gespeichertes Selbstbild. Sind Sie wirklich glücklich oder täuschen Sie Ihr Glück nur vor? Ihr gespeichertes Selbstbild ist nur ein Begriff aus Ihrer Vergangenheit. Sie können dieses jederzeit ersetzen. Machen Sie sich zunächst klar, was oder wer Sie sind. Oft hat Ihr wahres Ich nicht viel mit Ihrem gespeicherten Selbstbild zu tun. Erst wenn Sie wirklich erkennen, was oder wer Sie sind und wohin Sie wollen, sind Sie sich Ihres Selbst bewusst. Konkretisieren Sie Ihre Lebensziele und lassen Sie sich in diese Bildern und Inhalte fallen. Stellen Sie sich genau vor, was Sie wirklich erreichen wollen, und teilen Sie sich den Weg bis dorthin in einzelne Schritte ein, die Sie mit Leichtigkeit meistern können.

- Trennen Sie sich konsequent von alten Mustern, Glaubenssätzen und allen Dingen, die Sie negativ beeinflussen. Sie brauchen sich nach niemandem zu richten. Hören

Sie keine Nachrichten, während Sie handeln, und lassen Sie sich nicht von Nachrichten beeinflussen, falls Sie in Ihrer Freizeit welche hören. »Nach-Richten« bedeutet ursprünglich, »sich nach etwas zu richten«. Solange Sie sich aber nach den Nachrichten und Medien richten, sind Sie nur der Spielball von anderen und benötigen kein Handelssystem. Hier bestimmt günstigstenfalls »der Zufall« Ihren Börsenerfolg.

- Vergessen Sie alle Empfehlungen sogenannter Experten. Diese bezwecken nur, dass Sie sich auch hier – zum Nutzen anderer – »nach etwas richten« sollen. Machen Sie sich bewusst, dass es etliche Akteure im Markt gibt, denen zum Beispiel über eine bestimmte Aktie wichtige Informationen früher zugänglich sind als Ihnen und die dieses Wissen gezielt einsetzen, um Sie zu manipulieren (Insiderwissen).

- Eignen Sie sich Wissen an und lernen Sie immer von den Besten. Studieren Sie Trader, die Ihr Können nachhaltig untermauern und vorleben. Wer ist zum Beispiel seit zehn Jahren als unabhängiger Trader erfolgreich? Überzeugen Sie sich zunächst von der Qualität Ihres »Lehrers«, bevor Sie diesem vertrauen. Meiden Sie Gaukler und Blender. Davon gibt es mehr als genug.

- Lernen Sie die Märkte erst kennen und verstehen, bevor Sie diese richtig handeln. Entwickeln Sie zunächst kleine Pläne mit kleinen Zielen, deren Erreichen Sie sich vorstellen können. Dann vergrößern Sie Ihre Ziele ganz allmählich, Schritt für Schritt. Handeln Sie niemals ohne Plan. Der Gewinner hat immer einen Plan, der Verlierer immer eine Ausrede.

- Entwickeln Sie ein Tradingsystem. Führen Sie ein Handelsjournal. Analysieren Sie Ihre Trades täglich. Lernen Sie daraus und verbessern Sie Ihr System stetig. Leiten Sie gültige Regeln daraus ab und manifestieren Sie diese in einem festen Regelwerk.

- Seien Sie sich Ihrer Emotionen bewusst. Kontrollieren Sie diese jederzeit (Mentalmanagement).

- Geduld ist eine Kardinaltugend. Bleiben Sie geduldig. Warten Sie auf den richtigen Moment, um zu handeln.

- Eine andere Kardinaltugend heißt Disziplin. Ihr System generiert ein Handelssignal, wenn Sie einen Vorteil haben (*trading edge*). Sie müssen diesen Trade dann bedingungslos eingehen sowie nach Ihren festen Regeln verwalten und vollenden.

DIE 12 SCHRITTE ZUM ERFOLG AN DER BÖRSE

Sie beabsichtigen, erfolgreich an der Börse zu investieren? Dann können die nachstehenden Schritte für Sie als eine Art Checkliste dienen.

- Sie sagen: »Ich« will erfolgreich sein! Dann überprüfen Sie bitte Ihren Charakter, Ihr »Sosein« und Ihr gespeichertes Selbstbild. Sind Sie wirklich körperlich, seelisch und geistig dazu bereit?

- Richten Sie sich ein gemütliches Arbeitszimmer ein. Eines, wo Sie sich wohlfühlen können, wo Sie entspannt sitzen und kreativ arbeiten können und vor allem ungestört sind.

- Eignen Sie sich Wissen an und lernen Sie immer (ausschließlich) von den Besten. Studieren Sie Trader, die Ihr Können nachhaltig untermauern und vorleben.

- Vermeiden Sie sogenannte »Gurus« beziehungsweise Besserwisser und Alleskönner. Überzeugen Sie sich selbst! Damit werden Sie falsches Wissen vermeiden!

- Lernen Sie die Märkte erst kennen und verstehen, bevor Sie diese handeln.

- Handeln Sie erst auf dem Papier, dann mit kleinen Beträgen. Steigern Sie diese nur langsam und folgen Sie Ihrem persönlichen Risikoempfinden.

- Achten Sie bei jedem Trade auf ein gutes Chance-Risiko-Verhältnis (CRV).

- Kontrollieren Sie Ihr Money-Management.

- Führen Sie ein Handelsjournal. Analysieren Sie über einen längeren Zeitraum täglich Ihre Trades und sich »selbst«.

- Setzen Sie für sich Ziele fest. Gehen Sie schrittweise vor. Immer in kleinen und leicht umsetzbaren Schritten starten!

- Definieren Sie ganz genau jeden Schritt und die geplante Vorgehensweise.

- Fangen Sie nichts Neues an, wenn der vorherige Schritt noch nicht vollendet ist und perfekt funktioniert!

Nur so werden Sie für sich ein geeignetes, erfolgreiches System erkennen und auswerten können!

Glossar

1 *Kurt Tepperwein*, Autor und Lebenslehrer.

2 *Kontraindikator:* Jemand, der die gegenteilige Meinung der Mehrheit der Charttechniker oder gar zum laufenden Marktgeschehen vertritt.

3 *Random-Walk-Theorie:* Die Random-Walk-Theorie ist eine direkte Folgerung aus der Theorie der Markteffizienz, die besagt, dass die Verläufe von Aktienkursen nur durch Zufallsprozesse beschrieben werden können.

4 *Behaviorismus:* Wissenschaftstheoretischer Standpunkt, der zugrunde legt, dass das Verhalten von Menschen und Tieren mit den Methoden der Naturwissenschaft untersucht werden kann (abgeleitet vom amerikanisch-englischen Wort »behavior« = Verhalten). Er versteht sich somit als eine Theorie der Wissenschaft vom Verhalten, der Verhaltenswissenschaft oder Verhaltensanalyse (Quelle: wikipedia.org).

5 *Glauben:* Unter Glauben versteht man zumeist eine Wahrscheinlichkeitsvermutung. Glauben in diesem Sinne bedeutet, dass ein Sachverhalt hypothetisch für wahr gehalten wird. Glauben unterscheidet sich von Wissen, das als wahre und gerechtfertigte Meinung verstanden werden kann. Glauben im alltäglichen Sprachgebrauch ist also

eine Vermutung oder Hypothese, welche die Wahrheit des vermuteten Sachverhalts zwar annimmt, aber zugleich die Möglichkeit einer Widerlegung offen lasst, falls sich die Vermutung durch Tatsachen oder neue Erkenntnisse als ungerechtfertigt herausstellt (Quelle: wikipedia.org).

6 *Verstand:*

- Der Verstand ist in der Philosophie das Vermögen, Begriffe zu bilden und diese zu Urteilen zu verbinden (Quelle: wikipedia.org).
- Die Fähigkeit des Menschen, zu denken und zu urteilen – Intellekt (Quelle: thefreedictionary.com).
- Gesunder Menschenverstand: Eigentlich nur eine Anhäufung von Vorurteilen, die man bis zum 18. Lebensjahr erworben hat (Quelle: Albert Einstein).
- Der Verstand und die Fähigkeit, ihn zu gebrauchen, sind zweierlei Fähigkeiten (Quelle: Franz Grillparzer).

7 *Handelssystem:* Ein Handelssystem besteht aus einer Auswahl von Bedingungen, Regeln und Anweisungen für den Handel mit Wertpapieren und Futures.

8 *Trading edge:* Vorteil beim Trading gegenüber anderen Marktteilnehmern.

9 *Handelssystem (Aufgabe)*:

Sie sollten dieses Spiel spielen. Das Handelssystem ist erfolgreich, weil es einen positiven Erwartungswert generiert. Der Spieler erzielt durchschnittlich 5 Punkte pro Trade.

WG (Durchschnittsgewinn) – WV (Durchschnittsverlust) = Erfahrungswert

0,5(15) – 0,5(5) = 5

Der Erwartungswert ist der zu erwartende Durchschnittsgewinn über einen bestimmten Zeitraum.

10 *Mentalität:* Mentalität bezeichnet vorherrschende Denk- und Verhaltensmuster einer Person oder einer sozialen Gruppe von Menschen (Quelle: wikipedia.org).

11 *Ayahn Brahm*, »Die Kuh, die weinte – Buddhistische Geschichten über den Weg zum Glück«, Lotos Verlag 2006 ff.

12 *Fjodor M. Dostojewski*, russischer Schriftsteller.

13 *Kurt Tepperwein*, Autor und Lebenslehrer.

14 *Eckhart Tolle*, »Jetzt! Die Kraft der Gegenwart«, Kamphausen Verlag 2000 ff.

15 ebd.

16 Markus 11. 23-24.

17 *Diskretionäres Handeln:* Im Unterschied zum komplett mechanischen Handel, der eine strenge Regelgebundenheit voraussetzt, erlauben diskretionäre Handelsentscheidungen Einflüsse aus Erfahrung und Intuition. Auf keinen Fall sollte diskretionäres Handeln mit wahllos aus dem Bauch heraus getroffenen Entscheidungen gleichgesetzt werden. Vielmehr geht es um individuelle Eingriffe, die regelgebunden sind (Quelle: Charles Habermann, März 2006).

18 *Trefferquote:* Unter Trefferquote versteht man das Verhältnis zwischen den durchschnittlichen Gewinntrades zu den gesamten Trades, das heißt die Trefferquote ist Ausdruck der prozentualen Gewinntrades an den gesamten Trades.

19 $0{,}25(15) - 0{,}75(5) = 0$

20 *Overtrading:* Overtrading bedeutet, dass wir im Verhältnis zu unserem Kapital zu große Positionen eingehen.

NACHWORT VON KURT TEPPERWEIN

Dieses Buch ist etwas Besonderes. Es kann Ihnen dabei helfen, das oder die Hindernisse aufzuspüren, die sich in Ihrem Leben bisher aufgetan haben, um sie zu transformieren, so dass sich die natürliche Fülle auch in Ihrem Leben manifestiert.

Der Einblick, wie Investitionen Ihr Leben harmonisieren, verwandeln und grundlegend in Ein-Klang bringen, ist die Einführung in eine Art »Grundwissen«. Dies betrifft nicht nur materielle Investitionen, sondern in erster Linie geistige und menschliche.

Das Wort Investieren wird vielleicht von Haus aus mit Geld verbunden, doch genauso gut können wir in unser Bewusstsein, Wesen und Sein investieren. Das können wir über gewisse Werkzeuge bewerkstelligen, wenn wir sie regelmäßig nutzen. Sie bringen uns unserer wahren Identität Tag für Tag ein Stück näher, wenn wir nur achtsam und konsequent genug sind.

Wie das geht, haben Sie inzwischen erfahren. Sie brauchen lediglich Ihre Überzeugungen und Ihren Glauben optimieren, Ihre energetische Signatur verfeinern und die Ausrichtung Ihrer Aufmerksamkeit bewusst steuern, dann ist das der Beginn, um zu Bewusstsein zu kommen. Das ist der erste Schritt: Sie sollten darin investieren, sich besser kennen zu lernen und zu erforschen und vor allem zu entdecken, wer Sie in Wirklichkeit sind.

Das Geheimnis des Träumens, sich die richtigen Gewohnheiten zu schaffen und endlich alles loszulassen sind ebenfalls Möglichkeiten, die eigene Persönlichkeit zu durchschauen. Wenn Sie dann auch noch die Schöpferische Imagination anwenden, Ihr Selbstbild optimieren und Zielklarheit schaffen, werden Ihre Wünsche schon bald Ziele sein.

Wir alle investieren viel zu viel Zeit in alltägliche Dinge. Wir denken den ganzen Tag über Unnützes nach, laufen Träumen hinterher, die uns eigentlich gar nicht entsprechen, und verlieren uns in dem illusorischen Leben, das wir uns mit Hilfe unserer Gedanken erschaffen haben. Das muss nicht sein. Wir können unsere Aufmerksamkeit auch auf unser Potenzial, unsere Fähigkeiten und versteckten Qualitäten und Kräfte lenken. Wenn wir sie entdecken und nutzen, wird sich an unserer Lebenssituation sehr vieles zum Guten ändern.

Wollen Sie wahrhaft erfolgreich sein? Dann kommen Sie zu Bewusstsein. Nutzen Sie das Wesen der »In-Form-ation« und erkennen und beseitigen Sie fundamentale Verhinderungs-Programme. Erfinden Sie sich ganz einfach neu und geben Sie dem Leben ab sofort nur noch die richtigen Anweisungen, um Ihr Leben ganz gezielt zu lenken.

Wenn man all die Möglichkeiten in Betracht zieht, die ich über Jahre hinweg entwickelt, erprobt und erfolgreich angewendet habe, würde ich sagen, dass es nichts gibt, was nicht erreicht werden kann. Alles ist möglich! Sie brauchen mir das nicht zu glauben. Im Gegenteil, ich bitte Sie sogar: Glauben Sie mir nicht, sondern wenden Sie es einfach an.

Auch wenn Sie nicht ganz davon überzeugt sind, wird Ihr Erfolg Beweis genug sein.

Ich nenne es das Energie-Management – und es beinhaltet sehr viele Kriterien. Die Kriterien des Energie-Managements, das wir Ihnen im vorliegenden Buch vorgestellt haben, sind die beste Investition in Ihre Zukunft. Damit formen Sie sich und verfeinern Ihr Bewusstsein und werden nach und nach zunehmend mehr Sie selbst sein.

Es beginnt alles mit der Ausrichtung. Dabei geht es darum, sich nicht nach außen, sondern nach innen zu wenden, denn Veränderung geschieht immer in einem selbst. Wenn Sie im außen investieren, investieren Sie in die Illusion. Dies ist zwar ebenfalls möglich, aber auch wenn wir Bewusstsein sind, leben wir als Menschen und haben ein Leben zu bewerkstelligen. Dafür sollten wir Verantwortung übernehmen. Und da jeder Mensch Geld benötigt, um sein Leben zu bestreiten, ist das ein Thema, das gut zu dem Begriff Investition passt.

Vielleicht haben Sie anfangs gedacht, dass der materielle Aspekt nicht zum geistigen Teil dieses Buches passt. Ganz im Gegenteil: Alles ist Energie und auch Geld schwingt, wie alles, was existiert, und ich wollte Ihnen hier aufzeigen, wie das zusammengeht. Materie und Geist sind buchstäblich zwei Seiten ein und derselben Münze. Sie gehorchen denselben Gesetzen, die wir mit unserer inneren Ausrichtung auf die Welt anwenden.

Viele Menschen haben sich ein sehr unnatürliches Verhalten angeeignet, wenn es um Geld geht. Mag sein, dass dies auf die Erziehung, Glaubenssätze, Überzeugungen oder auf die Macht zurückzuführen ist, die mit Geld oft zusammenwirkt. Dies hat fast immer mit Angst zu tun, die auf einem Mangelbewusstsein beruht, zu dem kein Anlass besteht.

Ich wollte diese Missverständnisse aufdecken und Ihnen zeigen, dass Geld etwas Wunderbares ist, wenn man sich davon nicht abhängig macht, es nicht überbewertet und keine Bindung dazu entwickelt. Dann ist es ganz und gar wunderbar, denn man kann sich damit Dinge gönnen, das Leben genießen und es sogar für sich »arbeiten« lassen.

Vielleicht können Sie das kleine Basis-Grundwissen, wie es an der Börse zugeht und wie Sie selbst Geld anlegen können, gewinnbringend umsetzen. Dann »arbeitet« das Geld auch bald für Sie. Die wertvollen Worte, Tipps und Hinweise von Nazila Jafari, der Frau mit dem richtigen »Gespür« für Bewusstsein, Zahlen und Geld, haben Ihren Geschmack vielleicht noch zusätzlich angeregt. Wenn Sie keinen Betrag anlegen möchten oder im Moment nicht dazu in der Lage sind, dann wird sich das ja vielleicht schon in Kürze ändern.

Sehen Sie die Tipps in diesem Buch als kleine Geste, und wenn Sie dafür kein Interesse aufbringen können, investieren Sie eben vorwiegend in Ihr geistiges Potenzial. Es wird sich auf jeden Fall lohnen. Ich wünsche Ihnen viel Erfolg bei der zweifelsfrei positiven Umsetzung!

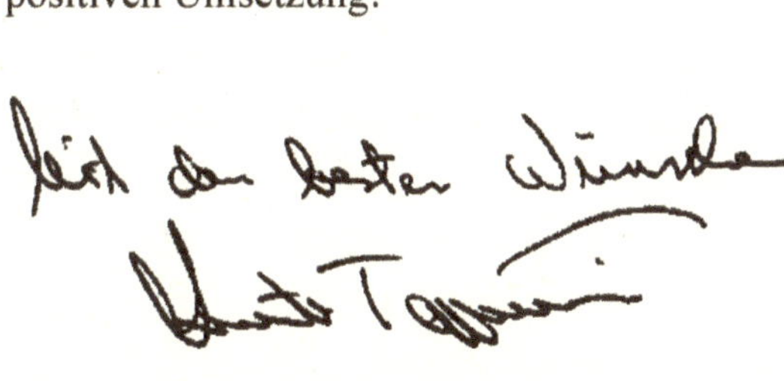

Kurt Tepperwein, heute einer der bekanntesten deutschen spirituellen Lehrer, wurde 1932 in Bad Lobenstein geboren, einer kleinen Stadt mit Rittersitz im Thüringer Schiefergebirge auf dem Verbindungsweg von Leipzig nach Bamberg. Nach langjähriger Tätigkeit als Unternehmensberater und Heilpraktiker widmete er sich voll und ganz dem Mysterium Leben. Er studierte Kulturen und Philosophien an den unterschiedlichsten Orten der Welt und auf verschiedenen Kontinenten. Als Bewusstseinsforscher, Seminarleiter und

Autor sieht er seine Aufgabe darin, mit Authentizität und Hingabe seine wertvollen Erkenntnisse an spirituell Interessierte und nach dem Lebenssinn suchende Menschen weiterzugeben. Seine Fähigkeit, Menschen zu begeistern und zu faszinieren, hat er sich nicht angeeignet, sie ist auch nicht antrainiert, sondern beruht auf eigenen Erfahrungen.

Wie kaum ein anderer versteht er es, die materielle und geistige Sicht der Dinge zu umfassen und in einer harmonischen Ganzheit zu betrachten. Davon zeugen seine mehr als 80 Bücher, die teilweise zu Klassikern der Erfolgsliteratur geworden sind. Mit seinen Kompakt-Ausbildungslehrgängen etwa zum Lebens-, Intuitions-, Mental- oder Kausal-Berater erreicht er schon seit Jahren als Coach und Trainer nicht nur Topmanager und Spitzensportler, er spricht mit seinem lebensbejahenden und natürlichen Wesen auch jeder Altersgruppe und Berufsgruppe aus dem Herzen. Sein Hauptinteresse bei der Vermittlung von Wissen gilt dabei dem Lebensthema Nr. 1 – »Zufriedenheit und Erfüllung im Alltag zu erfahren«.

Napoleon Hill
GLAUBE AN DICH UND WERDE REICH
Die Fortsetzung des Bestsellers »Denke nach und werde reich«

256 Seiten, Taschenbuch
Amra Verlag, € 12,80 [D]

Auch als eBook

ISBN 978-3-95447-156-0

Es gibt zuverlässige, sehr einfache Regeln, um Glück und Reichtum zu erzielen. Der vorliegende Klassiker ist eine genaue Beschreibung, wie Sie den Schlüssel zur Fülle des Lebens wirksam nutzen können!

Auch als eBook

Henry Ford
MEIN LEBEN UND WERK
Autobiografie eines modernen Unternehmers

256 Seiten, Hardcover, rotes Leseband
Amra Verlag, € 19,95 [D]

ISBN 978-3-95447-163-8

Wie wurde der Sohn eines Farmers binnen weniger Jahre zu einem der reichsten Männer der Welt? Er entwickelte Methoden. Laut Time Magazine eines der 100 wichtigsten Bücher des 20. Jahrhunderts!

Wallace Wattles
DIE GESETZE VON ERFOLG UND RESONANZ
Wohlstand aus der Kraft deiner Gedanken

96 Seiten, Taschenbuch
Amra Verlag, € 7,95 [D]

Auch als eBook

ISBN 978-3-939373-26-1

Meistern Sie die Prinzipien, dann können Sie gar nicht anders, als sich auf die Erlangung Ihrer Ziele hinzubewegen. Die Inspiration für Napoleon Hill, Anthony Robbins und den Welterfolg The Secret!

Textauszüge, Videos und Hörproben auf www.AmraVerlag.de

Kurt Tepperwein
LEBENSLUST STATT ALLTAGSFRUST
... damit die Sonne wieder scheint ...

208 Seiten, Taschenbuch
Amra Verlag, € 11,11 [D]

Auch als eBook

ISBN 978-3-95447-169-0

Verweilen Sie nicht bei dem, was wir so gern als Problem bezeichnen. Machen Sie daraus eine bereichernde Erfahrung. Meistern Sie die Kunst, die Intuition übers Denken zu stellen und grenzenloses Dasein zu leben.

Audio-Programm

Kurt Tepperwein
NIE MEHR ARBEITEN!
Bezahlter Urlaub für immer

58 Minuten, Amra Records, CD im Jewelcase,
Amra Verlag, € 14,95 [D]

ISBN 978-3-95447-190-4

Mit diesem Hörbuch zum gleichnamigen Vermögens-Ratgeber liegt jetzt ein praxisnahes Audio-Programm vor, durch das jeder spielerisch zum Erfolg gelangen kann – in 11 Kapiteln, von Kurt Tepperwein selbst gesprochen. Ein Schlüsselwerk zum Persönlichkeitswachstum.

Kurt Tepperwein
JETZT DEN AUGENBLICK LEBEN!
Die Geistigen Gesetze bewusst manifestieren

DVD mit Vorträgen

76 Minuten, Amra Cinema DVD,
geführte Meditation als Bonus, € 19,95 [D]

ISBN 978-3-95447-171-3

Erfahren Sie, welche Beziehung wir alle zur universellen Energie haben und wie unser Bewusstsein Realität erschafft. Holen Sie sich vom Leben, was immer Sie wollen, einfach indem Sie es verursachen!

Textauszüge, Videos und Hörproben auf www.AmraVerlag.de